高等职业教育"十四五"系列教材
浙江省精品在线开放课程配套教材

Qiche Yingxiao
汽车营销

黄　锋　彭菊生　**主　编**
薛浙瀛　何浩瀛　刘凯迪　**副主编**

人民交通出版社股份有限公司
北　京

内 容 提 要

本书是浙江省精品在线开放课程配套教材,主要内容包括顾客开发与售前准备、顾客接待、顾客需求咨询及分析、车辆的展示与介绍、试乘试驾、报价议价与签约成交、顾客异议及投诉处理、新车交付和售后服务跟踪九个项目。

本书主要供高等职业院校汽车技术服务与营销专业教学使用,也可作为汽车营销人员的岗位培训教材或自学用书。

图书在版编目(CIP)数据

汽车营销/黄锋,彭菊生主编.—北京:人民交通出版社股份有限公司,2021.12
ISBN 978-7-114-17699-9

Ⅰ.①汽… Ⅱ.①黄… ②彭… Ⅲ.①汽车—市场营销学—教材 Ⅳ.①F766

中国版本图书馆 CIP 数据核字(2021)第 233428 号

书 名:	汽车营销
著 作 者:	黄　锋　彭菊生
责任编辑:	翁志新
责任校对:	孙国靖　扈　婕
责任印制:	张　凯
出版发行:	人民交通出版社股份有限公司
地　　址:	(100011)北京市朝阳区安定门外外馆斜街3号
网　　址:	http://www.ccpcl.com.cn
销售电话:	(010)59757973
总 经 销:	人民交通出版社股份有限公司发行部
经　　销:	各地新华书店
印　　刷:	北京市密东印刷有限公司
开　　本:	787×1092　1/16
印　　张:	11
字　　数:	254 千
版　　次:	2021 年 12 月　第 1 版
印　　次:	2021 年 12 月　第 1 次印刷
书　　号:	ISBN 978-7-114-17699-9
定　　价:	30.00 元

(有印刷、装订质量问题的图书由本公司负责调换)

前言

QIANYAN

汽车业不仅是社会发展、经济建设的支柱产业,还承载着满足人民日益增长的消费需求、提高人民幸福指数的任务。汽车进入千家万户,也是全面实现小康社会的评价维度之一。助力建设小康社会,提高人均汽车保有量,是每一个汽车销售顾问的职责所在。

为了满足新形势下对专业汽车营销人才培养的需求,结合教学实际经验,我们编写了《汽车营销》一书。本书注重以学生为中心,通过完成工作任务为目标的培养方式,力求使学生在知识、能力、素质三个方面协调发展。

本书具有如下特点。

(1) 内容丰富:为了便于学生更好地进行汽车营销知识的学习,在书中使用了很多图片、视频。配套资源中有很多真实的汽车4S店的相关营销案例,以提高学生学习兴趣。

(2) 互联网+教学:本书为浙江省精品在线开放课程"汽车营销"配套教材,学生可以登录以下网址 https://www.zjooc.cn/,搜索课程,进行线上学习;也可以使用微信书中扫描二维码,加入学习。

(3) 贴合汽车行业:本书以"汽车销售顾问"这一具体工作岗位为核心,以汽车销售顾问八大销售流程为教学主线,以汽车营销中客户关系管理为教学辅线,以工作过程教学模式为导向,真正做到"情境驱动、任务导向、理实一体、能力培养"。

本书由湖州职业技术学院黄锋、彭菊生担任主编,浙江农业商贸职业学院薛浙瀛、浙江工贸职业技术学院何浩瀛、南京交通职业技术学院刘凯迪担任副主编。本书具体编写分工如下:黄锋编写项目四、项目六、项目八,彭菊生编写项目二、项目七、项目九,薛浙瀛编写项目三,何浩瀛编写项目一,刘凯迪编写项目五。

在本书编写的过程中,编者参阅了大量的著作、教材、文章等,在此对相关作者表示感谢。

限于编者的经历和水平,书中难免有不足之处,敬请专家和读者批评指正,以便再版时改正。

编 者
2021 年 6 月

目录

MULU

项目一　顾客开发与售前准备 ·· 1
　任务1.1　顾客开发 ·· 1
　任务1.2　销售顾问仪容仪表准备 ·· 4
　任务1.3　销售现场准备 ·· 11
　练习与思考 ·· 15
项目二　顾客接待 ·· 17
　任务2.1　展厅接待 ·· 17
　任务2.2　电话接待 ·· 24
　练习与思考 ·· 33
项目三　顾客需求咨询及分析 ·· 35
　任务3.1　顾客需求分析的基本内容 ·· 35
　任务3.2　需求分析的方法和技巧 ·· 42
　练习与思考 ·· 50
项目四　车辆的展示与介绍 ·· 51
　任务4.1　展厅车辆摆放规范 ·· 51
　任务4.2　车辆性能介绍要点 ·· 54
　任务4.3　车辆展示的方法 ·· 57
　任务4.4　车辆介绍的技巧 ·· 63
　练习与思考 ·· 67
项目五　试乘试驾 ·· 69
　任务5.1　试乘试驾准备 ·· 69
　任务5.2　试乘试驾流程 ·· 76
　练习与思考 ·· 84

项目六　报价议价与签约成交 86
　　任务6.1　报价流程及技巧 86
　　任务6.2　议价处理及技巧 90
　　任务6.3　签约成交 94
　　练习与思考 98

项目七　顾客异议及投诉处理 100
　　任务7.1　顾客满意与顾客忠诚 100
　　任务7.2　顾客异议处理 111
　　任务7.3　顾客投诉处理 118
　　练习与思考 125

项目八　新车交付 127
　　任务8.1　交车前的准备 127
　　任务8.2　交车 132
　　练习与思考 138

项目九　售后服务跟踪 140
　　任务9.1　客户关系管理 140
　　任务9.2　成交后的顾客跟踪 145
　　任务9.3　未成交顾客的跟踪服务 155
　　练习与思考 168

参考文献 169

项目一
顾客开发与售前准备

项目描述

顾客开发与售前准备是汽车销售流程的首要环节。销售顾问通过有效的顾客开发获取客户量,让更多的客户来到展厅,进而创造更多的销售机会。售前准备是销售顾问工作开展的前提。良好的准备工作不仅可以提高工作效率,还能增加顾客信任度,提高销售成功率。

任务1.1 顾客开发

1.1.1 任务引入

传统销售顾问主要依靠顾客主动上门,来获取顾客购买机会,获客渠道单一。在互联网时代这种方式已经不能满足汽车经销公司的销售需求,销售顾问必须"走出去",主动寻找开发潜在顾客,拓展自己的客户资源。本次任务主要学习顾客开发的相关知识。

1.1.2 任务目标

1. 职业目标
(1)理解顾客开发的重要意义。
(2)掌握顾客开发的方法和途径。
(3)熟悉潜在顾客管理的方法。
2. 素质目标
(1)培养沟通交流能力。
(2)培养理解判断能力。
(3)对工作有持续的热情。

寻找与接近客户

1.1.3 相关知识

1. 顾客开发的定义

顾客开发是汽车销售工作的第一步,通常指汽车销售人员主动寻找潜在顾客的整体过程,也被称为集客。销售是一种主动性的行为,销售顾问应主动地去寻找顾客,采用一切顾客愿意或方便接受的方法开发顾客,开拓自己的客户资源,将开发新顾客作为自己销售工作中一项重要的日常工作。

2. 寻找顾客的观念

著名的汽车推销大师乔吉拉德说过:"不管你所遇见的是怎样的人,你都必须将他们视为真的想向你购买商品的顾客。"这样一种积极的心态,是销售成功的一大前提。在日本,汽车销售顾问平均要家访30次才能卖出一辆汽车。在美国,最能"纠缠"客户的依次为保险销售人员、汽车销售人员和房地产经纪人。寻找潜在顾客是销售顾问扩大社交圈子、创造更多销售机会的过程。销售顾问目标顾客群越大,销售成功的机会就越多,销售业绩也就越好。因此,作为销售顾问首先应该明确寻找顾客的重要性。

(1)寻找顾客是维持和提高销售量的基础。
(2)寻找顾客是保持良好销售状态的需要。
(3)寻找顾客是提高销售成功率的重要保证。

1.1.4 任务实施

1. 识别潜在顾客

(1)潜在顾客的概念。

潜在顾客是指那些对汽车产品或服务存在实际需求且具有购买能力的个人或组织。

(2)潜在顾客的评估原则。

潜在顾客的评估方法主要采用 MAN 法则,即购买能力(Money)、决策权(Authority)、购买需求(Need)。销售顾问可以通过这三个方面对潜在顾客进行综合评估,以确定后续的工作方向。

购买能力即顾客的支付能力,一般指顾客的经济收入,销售顾问可以通过外部观察和内部探寻来评估。外部观察即销售顾问通过表面的观察获得,可以是着装、谈吐和年龄等;内部探寻即销售顾问通过询问来了解对方的购车预算、金融方案及其收入特征等。

决策权即购买汽车时有决定意见的权力。销售顾问可以通过来店客户关系、交谈态度等判断谁是主要的决策人。对于组织或企业购买者,销售顾问必须了解顾客的组织机构和人事关系,才能作出正确的判断。

购买需求即顾客对产品是否有实际的需要。了解顾客的购买需求,就需要销售顾问善于观察和思考问题,善于接触顾客,从帮助顾客解决问题的实际出发挖掘顾客需求。MAN 法则内容见表1-1。

MAN 法 则　　　　　　　　　　　表1-1

购买能力	购买决策权	需　求
M(有)	A(有)	N(有)

续上表

购买能力	购买决策权	需求
m(无)	a(无)	n(无)

M + A + N:有希望成为客户,理想的销售对象;
M + A + n:可接触,需要销售顾问进一步开发顾客的需求;
M + a + N:可接触,并设法找到有决策权(A)的人;
m + A + N:可接触,需调查其状态、信用条件等给予融资;
m + a + N:可接触,应长期观察、培养,使之具备另一条件;
m + A + m:可接触,应长期观察、培养,使之具备另一条件;
M + a + n:可接触,应长期观察、培养,使之具备另一条件;
m + a + n:非客户,停止接触。

客户开发评估

2. 顾客开发的主要方法

常用的顾客开发方法有很多种,如逐户寻访、电话拜访、广告开发、网络推广、短信开发、直邮、面谈法等。不同类型的顾客开发方法有着不同的适用条件和优缺点,根据目前汽车市场的主要特征,重点介绍以下几种顾客开发的方法:

(1)全户访问法:又被称为"地毯式寻找客户法",即针对某一特定区域,挨家挨户拜访,以发掘客户的一种开发方法。它是销售顾问在寻找潜在顾客时,对某一地区的销售对象无法确定的情况下采取的一种方法。

(2)展会外拓法:外拓活动就是走出去,去哪里是首先要解决的问题,需要更细致地分析环境与客户。外拓活动的效果来源于细化的管理安排,从环境分析确定外拓地点和形式,到出发前梳理目标和分工细节,再到外拓现场监督管理,并以客户邀约到店为重点,最终将外拓客户转化为成交客户。

(3)连锁介绍法:通过老顾客的介绍寻找有可能购买汽车的潜在顾客的一种方法,也称为介绍寻找法、无限介绍法。该方法被销售界认为是最好的顾客开发方法,不仅销售成功率高,而且开发的成本低、效率高。

(4)中心开花法:又称名人介绍法,是指推销人员在某一特定的推销范围内,取得一些具有影响力的中心人物的信任,然后在这些中心人物的影响和协助下,把该范围内的个人或组织发展成为准顾客的方法。

(5)网络推广法:线上渠道是移动互联网时代潜在客户开发的主要方法,不仅具有体量大、范围广的特点,而且开发成本低、操作便捷,不受时间、空间影响。销售人员可以通过网络平台、新媒体等多元化的方式进行客户开发,主要包括平台合作、微信、微博、抖音、论坛等方式。

(6)交叉合作法:指企业在营销活动中全方位、多角度的合作,一般在不同行业的企业之间进行。汽车经销公司可以通过与加油站、汽车俱乐部、保险公司、驾驶员培训学校等建立战略联盟,互享客户资料信息,从而扩大集客范围。可以通过与房地产公司、旅游公司、饭店、酒店、商场等建立多元化的合作方式,共同开展营销活动,达到开发有效客户的目的。

3. 潜在顾客管理

潜在顾客管理(Lead Management),又被称为顾客挖掘管理(Customer acquisition management)。通过潜在顾客管理,可跟踪客户的后续行为,根据一定的标准把潜在顾客划分为不同的等级,有计划、有重点地开展销售活动,取得最佳销售效果。

(1)根据可能成交的时间分类。

A 类是指一个月内可能成交的顾客;B 类是指三个月内可能成交的顾客;C 类是指超过三个月之后可能成交的顾客。对于 A 类顾客,销售人员可安排短期及高频率的拜访;对于 B 类及 C 类顾客,可依情况,计划拜访和电话联系时间。

(2)按照顾客购车意向的程度分类。

按照顾客购车意向的级别设为 A、B、C、D 四个等级。A 级是指已交纳购车定金的。B 级是指车型、颜色等主要元素都已确定,已提供付款方式及交车日期,购车手续已在处理中。C 级是指已谈过购车条件,购车大致时间已确定,也选定了下次商谈的日期,已多次来看展车。D 级是指有购车愿望,在商谈中表露出有购车意愿,正在决定拟购车型,经判定有购车条件者。

(3)按照商谈次数进行分类。

销售人员可以根据顾客来店的次数对顾客进行分类。A 类是初次来店的。B 类是第二次来店的。C 类是第三次来店的。D 类是第四次及以上来店的。这种分类销售人员最容易判断,最具有可操作性。但是,来店商谈的次数往往与顾客的购买意向并没有直接的关系,因此可能会有一些顾客意向明确,但来店次数少,而未能及时跟踪,从而造成顾客流失。

任务1.2　销售顾问仪容仪表准备

1.2.1　任务引入

销售顾问的个人形象既是企业的"门面",也是个人的"名片",良好的个人形象与销售成功与否有着莫大的关系。很多刚刚步入工作岗位的大学生,对个人形象重视度不够,缺乏对相关礼仪规范的认识,从而导致与客户、与同事相处时留下不好的印象。本任务主要学习销售顾问仪容仪表准备的相关知识。

1.2.2　任务目标

1. 职业目标

(1)掌握仪容礼仪的相关要求及规范。

(2)熟悉服饰礼仪的基本原则及职业正装的着装要求。

(3)掌握基本的仪态规范。

2. 素质目标

(1)培养职业素养。

(2)培养与人交往的基本能力。

汽车销售顾问
仪容准备

1.2.3　相关知识

1. 塑造良好的职业形象

职业形象是指个人在职场公众面前树立的印象,具体包括外在形象、品德修养、专业能力和知识结构四个方面,是通过从业者衣着打扮、言谈举止反映出从业者专业态度、技术和技能等。对于销售顾问来讲,职业形象是消费者对于其个人职场行为总体印象和评价,是其内在修养与外在形象的综合反映。

大多数的客户都是感性的,销售顾问的个人形象能否让客户接受,很大程度上决定了客户的信任度。建立信任之后,跟客户后期接触将会容易很多。美国的一位社会语言学家阿尔伯特曾经提出了"55387"定律(图1-1),即:决定一个人的第一印象中,55%体现在穿着、打扮、肢体语言,38%为语气、语调,而交谈内容只占到7%。该定律在很大程度上说明了一个人的仪容仪表形象在塑造个人职业形象中的重要作用。

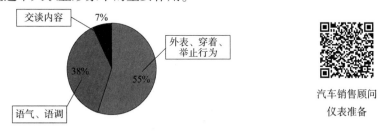

图1-1 "55387"定律

2. 服饰穿着的基本原则

服饰穿着是个人形象的重要组成部分,直接体现出一个人的素质、品位、涵养及自身层次,对个人的工作、社交都有着重要的影响。在商务活动中,人们可以通过服饰来判断一个人的身份地位、涵养及专业性。在日常工作和交往中,尤其是在正规场合,穿着打扮的问题越来越引起现代人的重视。因此,作为汽车从业人员要掌握服饰穿着的基本原则,以和谐、得体的穿着展示自己的专业和修养。

(1)整洁大方。

整洁大方是指个人穿着打扮整齐干净、落落大方,这是服饰礼仪的基本原则。一个穿着整洁的人总能给人以积极向上的感觉,并且也能表现出对交往对象的尊重和对商务活动的重视。当然,整洁原则并不意味着时髦和高档,只要保持服饰的干净合体、整齐有致即可。

(2)符合身份。

服饰穿着整体上讲有男女之别、长幼之别、职业之别及身份之别,首先要符合性别特点,其次要符合自身年龄(年长者穿着一般偏端庄稳重,年轻者则更追求活力、朝气),再次是要符合职业(不同的职业在穿着打扮上也有很大的差异。如汽车销售顾问等经常与客户接触的职业,穿着上应规范、端庄一些),最后是要符合自身身份地位。

(3)扬长避短。

服饰穿着应尽量能够突显自身优点、掩盖缺点,同时要与体形、肤色相协调,比如深色显瘦、浅色显胖,肤色偏黑的人不宜穿着色调过深或过浅的衣服,宜选用与自身肤色对比不强的颜色等。

(4)TPO原则。

T、P、O分别是英语Time、Place、Object三个词的缩写字头,指着装的时间、地点、目的。着装要与时间、季节相吻合,符合时令;要与所处场合环境相吻合,符合销售人员的身份;要根据不同的交往目的、交往对象选择服饰,给人留下良好的印象。

1.2.4 任务实施

1. 良好的仪容形象

仪容是个人形象的首要因素，展示一个人的精神面貌，是传递给人感官最直接、最生动的信息。虽然仪容与生俱来，在很大程度上取决于先天条件，但是也可以通过后期的修饰来体现对美的追求；适当的仪容修饰，会使销售人员充满活力，在销售活动中给客户留下良好的第一印象。

（1）头发。

男士在发型选择上，一是整洁自然，要体现职场规范；二是长度要适中，应做到前发不覆额、侧发不掩耳、后发不及领，但亦不可太短，在职场中选择光头也是不合适的；三是适度的美化，考虑工作的严谨性，职场男士最好做到不烫发、不染发，如特殊原因需要烫染头发，也应讲究适度原则，不宜太过夸张；四是头发的清洁，作为职场男士，有条件的话每天都要洗头，以保持头发清洁及良好的精神状态，且要定期修剪，男士宜于20天左右修剪一次头发，以保证发型整体的清爽。男性销售顾问的发型如图1-2所示。

女士发型的修饰也要体现整洁、清爽，符合岗位规范。作为汽车销售人员，发型要求庄重保守，不能过分时尚。职业女士发型式样多、变化大，发型的选择更能体现每个人自身的品位及修养，女士需要注意以下两点：一是长发过肩在工作场合必须扎起来或盘起来，不可披肩散发；二是额头尽量露出，过长的刘海会给人不清爽的感觉，有刘海的女士可以梳成斜刘海或用发卡固定的方法，尽量将额头露出。女性销售顾问的发型如图1-3所示。

图1-2 男士发型

图1-3 女士发型

（2）面容。

男士面容首先要整洁，做到脸必洗、须必剃，不要留有胡楂。男士脸部的油脂分泌量多，皮肤上的灰尘和污垢积聚多，清洁皮肤需要更加彻底。另外，适当的保养也是男士面容所需要的，可选用适合的护肤品来保养皮肤。最后，由于汽车销售顾问经常与客户交流，应当要特别重视口腔卫生，做到口腔无异物、无异味。男性销售顾问的面容如图1-4所示。

女性销售顾问要做到"化妆上岗，淡妆上岗"，女性销售顾问适度而得体的化妆，可体现其端庄、美丽、温柔大方的气质，可体现振奋的精神和对他人的尊重。女性销售顾问化妆应做到"化妆要避人""化妆要协调"，"浓淡视时间场合而定"等基本要求。女性销售顾问的面容如图1-5所示。

图1-4　男士面容　　　　　图1-5　女士面容

> **职业形象规范案例：**
> 销售顾问小王喜欢留胡子，他认为这样才能显得自己成熟稳重，对于同事劝说自己刮胡子的建议不以为然。他认为，只要销售的汽车质量好，价格有竞争优势，就可以把车辆销售出去，与自己是否留胡子没有丝毫关系。可是当他去拜访客户时，却被客户拒之门外，理由是："我不与胡子拉碴的人谈生意。"

（3）手部美化。

工作中会出现各种各样的手语、手势，因此我们的手难免会出现在客户视野中。作为销售顾问，首先要保持手的清洁，要定时定期的清洁双手，使之保持整洁状态。其次，要经常修剪指甲，指甲长度以不超过手指指尖为宜，男士不可涂指甲油，女士要美化指甲时要尽量简单，选择无色透明的指甲油为宜。

2. 合适的工作着装

（1）男士西装。

西装的选择：应选用不容易起皱的面料，以舒适为主；商务场合宜选用单色西装，工作时以深蓝色、灰色为主，社交场合可选择黑色西装。款式上按纽扣数量划分，一般分为三扣、双扣以及单扣，西装纽扣数量越多越显庄重，越少而越休闲，目前日常工作和社交中以双扣西装为主流。对于尺寸做工，俗话说西装7分靠做，3分靠穿，在条件允许的情况下，选择西装最好可以量身定做。

衬衫：一般会选择白色或其他浅色衬衫搭配西装，工作场合则应选择单色，社交场合可选择格子或条形衬衫。穿着衬衫时要注意下摆必须塞到西裤里，不能露在外面，系领带时衬衫最上面的扣子须扣上，着西装套装时还应注意衬衫的袖口、领口要长于西装袖口、领口1~1.5cm。

领带：领带是男士穿着西装套装时的必需品，工作场合中佩戴领带应以素雅为主，如黑色、蓝色，且颜色、款式、图案等要跟衬衫、西装相搭配。社交及宴会场合可根据个人的风格特点佩戴稍微显目，彰显个性、品味的领带。还要注意领带的长度到皮带扣位置为宜，不宜过长或过短。

鞋袜:男士穿着西装正装时应搭配黑色或棕色系带皮鞋为主,袜子则应选用深色棉袜,不宜穿着白色等浅色袜子。

西装着装规范:商务场合,西装着装讲究"三个三"。

三色原则:指合身颜色在三种之内。

三一定律:鞋子、腰带、公文包色彩统一。

三大禁忌:一是袖口上的商标未拆;二是在非常正式的场合穿着夹克打领带;三是袜子不合时宜,如穿着尼龙丝袜、白色袜子等。

穿着西装时扣子也有一定的讲究,三扣西装扣上面两颗或中间一扣颗,双扣西装扣上面一颗,单扣西装一般不扣。还要注意的是,站立时一般要扣上扣子,而坐下时则要解开扣子。男性销售顾问的工作着装如图1-6所示。

(2)女士套裙。

套裙的选择:对于女性销售顾问来讲,主要以穿着西装套裙为主,在套裙的选择上首先应注重面料,最佳面料是高品质的羊毛和亚麻,最佳的颜色是深蓝色、黑色、灰色等单一色彩;裙子长度可以选择膝盖以上3~6cm,不宜过短或过长。

衬衣:女士内搭衬衣的款式相对较多,但总的来讲款式要裁剪简洁,不带花边和褶皱;最佳面料是棉、丝绸等,颜色最好选择白色、米色等浅色。穿衬衫时下摆必须放在裙腰之内,不能放在裙腰外,或把衬衣的下摆在腰间打结。

配饰:女士穿着套裙时也可根据个人喜好搭配小领带或丝巾,起到点缀的作用。配饰的选择主要要与衬衫、西装的颜色、款式相搭配。

鞋袜:与套裙搭配的鞋子以高跟、半高跟的船式皮鞋为主,颜色最好与衣服的颜色相协调,黑色为佳。任何带有亮片、水晶装饰的鞋子都不宜在工作场合搭配套裙,露出脚趾和脚后跟的凉鞋和拖鞋也不适合销售人员在展厅穿着。长筒袜和连裤袜是穿着套裙的标准搭配,中筒袜、低筒袜绝对不能与套裙搭配穿着,让袜子上沿暴露于外;袜子颜色宜为单色,有肉色、黑色、浅灰、浅棕等几种常规选择。女性销售顾问的工作着装如图1-7所示。

(3)饰品佩戴。

在商务交往中,除了要注意服装的选择外,还可根据不同场合要求佩戴饰品。饰品佩戴以适度为原则,工作中佩戴的饰品最好是简单大方且不引人注意的款式。

①宜少勿多。饰品佩戴不是越多越好,而是要适量。一般情况下,身上佩戴的首饰应限制在三种以内,戴的太多会显得繁杂错乱。

②同质同色。佩戴的饰品在色彩、款式、材质上要尽量统一,协调一致。

③考虑性别。工作中男士佩戴的饰品应越少越好,除手表、婚戒外,不宜佩戴其他过多的饰品;女士佩戴的饰品相对较多,有项链、手链、耳钉等,但也建议以少为佳,款式应简单大方,切勿选择过于夸张的首饰。

3.仪态

(1)站姿。

站姿基本要求:站立是工作中一种最基本的姿态,正确标准的站姿是一个人身体健康、精神饱满的体现。良好站姿的具体要求:抬头挺胸、收腹、肩平、下颚微收,双臂自然下垂或至于体前,双腿直立贴紧,双目平视,面带微笑。

项目一　顾客开发与售前准备

图1-6　男性销售顾问的工作着装　　图1-7　女性销售顾问的工作着装

　　男士双脚分开与肩同宽,也可两脚跟相靠,脚尖展开呈60°～70°;手的位置最好采用前腹式,即右手握空拳,左手置于右边手腕,放在皮带扣处,也可两手自然下垂放在身体两侧,或双手叠放于背后;在商务接待中,前腹式站姿使用最广泛,双手置于身前会给人和蔼、平易近人的感觉。男士前腹式手势如图1-8所示。

　　女士站姿有两种脚步:一种为丁字步,即右脚靠后,脚尖指向14点方向,左脚跟靠于右脚脚窝处,脚尖指向11点方向;另一种为V形步,即脚跟并拢,脚尖分开成V字形。女士双手一般右手握左手四指,自然放置于脐窝处。女士前腹式手势如图1-9所示。

图1-8　男士前腹式手势　　　　图1-9　女士前腹式手势

(2)坐姿规范。

　　坐姿基本要求:坐姿要端庄、自然、大方、舒适,入座时要轻、稳、缓,一般为左进左出,座椅面的2/3处。入座后,保持上身直立、双肩平正放松、目视前方,与顾客交谈时,身体应稍向前倾,表示尊重和谦虚。

男士入座后两腿分开与肩同宽,双手自然放在大腿上,大腿与小腿呈90°角,给人一种稳重可靠的感觉。在相对轻松的场合,男士可以采用叠腿式坐姿,即两只脚的大腿相叠,但不可将一只脚的踝部搭在另一条腿的大腿上,即所谓的跷二郎腿。男性销售顾问的常见坐姿如图1-10所示。

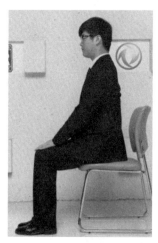

图1-10 男性销售顾问的常见坐姿

女士入座时应先后撤半步,两只手背整理后裙摆,顺势缓缓入座,膝盖并拢,动作轻盈而协调。女士坐姿种类较多,常见的有正位坐姿、双腿斜放式坐姿、双腿前后式坐姿及架腿式坐姿。女性销售顾问的常见坐姿如图1-11所示。

图1-11 女性销售顾问的常见坐姿

(3)蹲姿规范。

在日常工作中,常用的蹲姿包括高低式蹲姿与交叉式蹲姿两种。其中,男士只采用高低式蹲姿,女士则采用高低式或交叉式蹲姿都可以。

高低式蹲姿:这种蹲姿的特征是一只脚在前,全脚着地,另一只脚稍后,脚掌着地、脚跟提起,形成高低膝的姿态。特别需要注意的是,女士采用高低式蹲姿时双膝应尽量并拢,男士则双腿可以适度分开。女性销售顾问高低式蹲姿见图1-12。

交叉式蹲姿：这种蹲姿为女士专用，其特征是，右脚在前、左脚交叉置于右后方，双腿交叉站立。左膝由后面伸向右侧，左脚跟抬起，脚掌着地，两腿靠紧，合力支撑身体，臀部向下、上身稍向前倾，双手相叠置于腿上。交叉式蹲姿略有难度，应多加练习，避免因突然大幅度动作伤及腿部肌肉或关节而摔倒。这种交叉式蹲姿优美典雅，尤其适合身着短裙的女性销售顾问。女性销售顾问交叉式蹲姿见图1-13。

汽车销售顾问
仪态准备

图1-12　高低式蹲姿　　　图1-13　交叉式蹲姿

任务1.3　销售现场准备

销售现场准备是售前准备的重中之重，在客户到店之前，汽车经销公司要对整体的现场环境进行合理的布置规划，让顾客进店后有良好的销售体验。作为销售顾问，我们在做好自身准备的同时，也要备好销售环节中所需的资料工具，以确保销售工作的高效有序开展。

1.3.1　任务引入

销售过程中，为顾客提供高品质的服务，就要求汽车经销公司无论在展厅布置还是在销售资料准备上，都要做好充分的准备工作。如果准备不充分，就会导致客户满意度大大下降，从而降低销售成功率。本任务主要学习销售现场准备的相关知识。

1.3.2　任务目标

1. 职业目标

(1) 了解销售现场准备的主要内容。

(2)掌握销售过程中所需的主要物料准备。

2. 素质目标

(1)培养敬岗爱业的精神品质。

(2)培养认真、细致的工作习惯。

(3)培养对工作有持续的热情。

销售顾问实战经验分享

1.3.3 相关知识

展厅现场主要是打造完善的顾客体验区域,营造良好的展厅氛围,从而提高顾客的满意度,增加成交机会。展厅氛围的营造可以从视觉、听觉、感觉三个方面来体现。

1. 视觉

展厅布置要体现层次感和功能划分,展厅主要包括车辆展示区、洽谈区、休息区等。目前汽车经销公司展厅的整体布置是根据品牌来区分的,各品牌都有自己的整体设计及装修布置风格,销售顾问可以在此基础上进行适当的优化,如可以根据季节、展车的颜色等进行色彩美化,添加一些挂画或悬垂物,增加整个展厅的彩色及空间感。

2. 听觉

整个展厅要营造适当安静的听觉感受,不宜太过嘈杂,可以播放合适的背景音乐,最好选择轻音乐,音量要控制在能听见但不会影响到交谈或接听电话。

3. 感觉

(1)气味:展厅要做好日常的通风管理,保持空气清新无异味,特别是对于刚开业不久的营销店面,装修气味比较重,一定要做好日常通风。

(2)温度:展厅的温度要保持在一个舒适的区间,夏天温度要宜人。

(3)灯光:展厅的灯光要明亮而柔和,对于主展区的车辆可以使用一些射灯,突出展示重点。

1.3.4 任务实施

1. 文本资料准备

(1)销售名片:主要用于销售顾问做自我介绍以及客户后续主动联系销售顾问。

(2)车型宣传册:用于客户自主了解车型、配置、参数、颜色、内饰等信息,如图1-14所示。

图1-14 车型宣传册

(3)试驾协议:用于介绍试驾路线并规避试驾过程中可能出现的事故风险,如图1-15所示。

(4)草签协议:用于给客户计算价格(全款/按揭)及个性化定制选装包(贴膜、电动行李舱门、电动踏板等)。

(5)新车销售合同:主要内容为车价、购车人信息、提车时间等,如图1-16所示。

(6)销售精品联:主要为客户选装的精品内容及价格,销售赠送的内容及价格等。

图1-15 试驾协议　　　　图1-16 新车销售合同

2.销售工具准备

(1)对讲机:用于销售前台呼叫销售排岗以及其他事情。

(2)录音笔:可以准确记录客户的需求并规避后续风险,公司可检查销售顾问的专业度以及接待客户流程的完整性。

(3)精品手册:用于客户选择各种各样的选装项目,有价格、质保时间、项目类别。

(4)纸笔:随时做好内容记录。

(5)计算器:用于计算车价、金融保险等。

3.其他资料准备

(1)按揭协议:用于按揭分期客户签署的协议,需要前期汽车金融机构对客户进行还款能力的审批。

(2)订车客户问卷调查:客户勾选自己的兴趣方向,用于反馈厂家制作客户画像。

销售顾问　　4S店认知
岗位认知

4.分配任务

每5人为一组,选出1名组长,组长对小组任务进行分工。组员按组长要求完成相关任务。具体任务要求如下:

(1)互相检查仪容、仪表是否符合销售顾问规范。

(2)做出行、坐、站、蹲等仪态,组长根据评分表进行评判。

具体评分标准见表1-2~表1-5。

男性销售顾问仪容评分标准　　　　　　　　　　　　　　　　　　　　　　　表1-2

序号	评分项目	评分标准	分值	得分
1	头发	长发不覆额、侧发不掩耳、后发不及领，长度最好不超过7cm	25	
2	面部	干净、整洁、无油腻、剃胡须、鼻毛不外露	25	
3	手部	不留长指甲、干净、整洁	25	
4	整体感觉	给人干练、清爽的职业形象	25	

女性销售顾问仪容评分标准　　　　　　　　　　　　　　　　　　　　　　　表1-3

序号	评分项目	评分标准	分值	得分
1	头发	不烫发、染发；长发应束发	25	
2	面部	干净、整洁、无油腻、化职业淡妆	25	
3	手部	不留长指甲、干净、整洁、不涂有色指甲油	25	
4	整体感觉	给人优雅、大方、美丽的职业形象	25	

销售顾问仪表评分标准　　　　　　　　　　　　　　　　　　　　　　　　　表1-4

序号	评分项目	评分标准	分值	得分
1	西装套装	1. 男性遵守三一定律、三色原则、勿犯三大禁忌； 2. 女性注意裙装禁忌，并注意着装搭配原则	50	
2	系领带	能使用两种以上方法系领带（男性）	30	
3	系丝巾	能使用两种方法系丝巾（女性）	30	
4	整体感觉	给人干练、清爽的职业形象	20	

销售顾问仪态评分标准　　　　　　　　　　　　　　　　　　　　　　　　　表1-5

序号	评分项目	评分标准	分值	得分
1	走姿	1. 抬头挺胸、步幅适宜、步速适中、步位摆正、步态良好； 2. 注意勿犯走姿禁忌：如内外八字脚等	15	
2	坐姿	1. 左进左出，入座要轻稳，坐椅子的2/3处； 2. 入座后身体呈现3个90°	15	
3	蹲姿	1. 男士：高低式蹲姿要领； 2. 女士：高低式、交叉式蹲姿要领	15	
4	站姿	1. 注意不同站姿的手位、脚位； 2. 男士站姿体现阳刚、女士体现优雅	15	
5	手势	1. 指引手势：右手手臂自然伸出，五指并拢，掌心向上，指尖朝向所要指引的方向，以肘部为轴伸出手臂，在指示道路方向时，手的高度大约齐腰，指示物品时，手的高度根据物品来定； 2. 递接物品手势：注意递送名片、产品资料、茶水、笔等情况下不同的手势	20	
6	表情	1. 眼神注视的部位、角度、时间； 2. 真诚微笑，热情有度	20	
		合计	100	
综合评语				

练习与思考

一、选择题

1. 下列符合学生仪容礼仪要求的是( )。
   A. 把头发染成艳丽的彩发　　　　B. 把指甲抹成彩色
   C. 使用洁面护肤品　　　　　　　D. 脸上浓妆艳抹
2. 应坚持经常洗头,最好是( )。
   A. 每周洗一次头　　　　　　　　B. 每周洗三次头
   C. 每天洗一次头　　　　　　　　D. 每天洗两次头
3. 穿西装时,最理想的衬衫颜色是( )。
   A. 蓝色　　　　B. 白色　　　　C. 灰色　　　　D. 咖啡色
4. 穿西服套裙时,应( )。
   A. 穿短袜　　　B. 穿彩色丝袜　　C. 光腿　　　D. 穿肉色传统丝袜
5. 从事服务销售行业的女性不能留披肩发,其头发最长不应长于( )。
   A. 耳部　　　　B. 颈部　　　　C. 腰部　　　　D. 肩部
6. 个人形象在构成上主要包括6个方面,他们又称个人形象6要素,包括表情、举止、服饰、谈吐、待人接物( )。
   A. 声音　　　　B. 身高　　　　C. 体重　　　　D. 仪容
7. 领带的下端应( )。
   A. 在皮带上缘处　　　　　　　　B. 在皮带上下缘之间
   C. 在皮带下缘处　　　　　　　　D. 比皮带下缘略长一点
8. 领带长度一般是( )。
   A. 领带尖放在皮带内侧　　　　　B. 领带尖在皮带上方
   C. 领带尖盖住皮带扣　　　　　　D. 什么位置都可以
9. 佩戴首饰原则不应该超过( )件。
   A. 五　　　　　B. 四　　　　　C. 三　　　　　D. 二
10. 在商务礼仪中,男士西服的三一定律是指( )。
    A. 皮鞋、裤子、上衣应为套装
    B. 鞋袜、腰带、公文包三个部位应保持一个颜色
    C. 西服上衣、西服裤子、皮鞋三个部位保持一个颜色
    D. 皮鞋、西服、腰带三个部位保持一个颜色

二、判断题

1. 按商务礼仪,接待客人时,引导者应在客人的右前方引路。　　　　　　　( )
2. 女性常见的坐姿有正坐式、斜放式、交叉式等。　　　　　　　　　　　　( )
3. 男性常见的蹲姿有高低式、交叉式。　　　　　　　　　　　　　　　　　( )
4. 汽车销售顾问与顾客交流时,双眼应注视对方的鼻眼交际三角区。　　　　( )

三、想一想(思政引导)

1. 观察日常校园生活中有哪些行为不符合礼仪规范,记录下来在课堂上与同学们进行讨论,并说出你认为符合规范的行为。

2. 谈谈自己对礼仪的看法,并试着阐述礼仪对销售顾问的营销活动有哪些影响。

项目二

顾客接待

项目描述

我们面对的顾客是多样的,顾客接待没有一成不变的成功定律。但是有一点一定没错,就是留下良好的印象,促进感情交流。

想打动顾客,除了凭借产品和技巧之外,还在于通过专业、规范的接待流程,保证所有来访顾客能感受到专业、热情的迎接,树立良好的第一印象,与顾客建立良好的关系。

任务 2.1 展厅接待

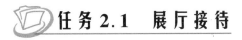

2.1.1 任务引入

展厅接待最重要的是与顾客交往的最初几分钟,这对于销售成功与否有着重要的影响。被载入吉尼斯世界纪录的汽车销售高手乔·吉拉德是连续12年的销售冠军,他的销售建议以及销售的技巧也被各种传授销售技巧类型的图书广为传播。吉拉德在不同场合谈到他是如何取得成功的时候都提到,他的方法其实很简单,那就是给顾客提供两样东西——公平的价格和他们喜欢的销售顾问。他说,对于消费者来说,找到一个他们喜欢的销售顾问,再加上一个合理的产品价格,就是一个成功的销售。本任务主要学习如何进行展厅接待,从而成为让顾客喜欢的销售顾问。

2.1.2 任务目标

1. 职业目标

(1)明确展厅接待的目的和意义。
(2)熟悉展厅接待的礼仪规范与技巧。
(3)能够面对不同顾客开展展厅接待工作。

客户展厅接待

2.素质目标

(1)培养良好的职业道德和踏实耐心的工作态度。

(2)培养待客以礼、与人为善的良好习惯。

(3)使具有服务意识和一定的亲和力。

2.1.3 相关知识

1.展厅接待目的和意义

在最初的顾客接待过程中,销售顾问的首要目的不是直接就要促成交易,完成销售,而是应该集中在以下的两个方面:

(1)塑造良好印象:在接待过程中,热情、周到的接待可以建立积极的第一印象,从而让顾客停留更长时间,创造更多销售机会。

(2)建立顾客信心:专业的顾客接待能消除顾客疑虑,营造友好氛围,利于销售活动展开。

2.受顾客喜欢的一些普遍的规律

尽管每个顾客喜欢他人的标准是不同的,但是根据心理学家的研究以及对社会行为的分析,还是可以找到一些普遍的规律。

(1)顾客通常会喜欢与自己有类似背景的人。

(2)顾客通常会喜欢与自己行为举止、观点、价值观类似的人。

(3)顾客通常喜欢服饰风格与自己类似的人。

(4)顾客通常喜欢真正关心他们应得利益的人。

(5)顾客通常喜欢比较示弱的人。

(6)顾客通常喜欢带给他们好消息的人。

(7)顾客通常喜欢赞扬他们的人。

(8)顾客通常喜欢那些表达了喜欢他们的人。

(9)顾客通常喜欢有一些高层社会关系的人。

这些倾向性都是基于客户内心追求的相似性、关联性以及自我类同性的。因此,充分透彻地了解这些基本规律以后,首先应该在接触潜在顾客的最初的阶段展示出来。这就是为什么乔·吉拉德经常会问顾客:"您是儿童医院的医生吧?"当对方说不是的时候,他说:"可您真像。上周有一个儿童医院的医生说,他介绍的一个医生要来我这里买车。对了,您是做什么的呢?"对方说是附近的禽蛋场的。乔立刻就说:"听说,你们那里提供的鸡蛋可以供应整个得克萨斯州。"注意,这个对话中运用了巧妙的赞扬,展示了高层的社会关系,运用了有效的令人喜欢的技巧,同时还问出了对方的职业。刚入行的销售肯定无法立刻修炼成这个水平,所以就会单纯地问顾客:"您是做什么的?"这个问题如果没有足够的猜测的铺垫,往往会让客户非常戒备,但是,一旦你有一个较高的猜测让对方开心,对方在回答你的问题的时候也就没有任何戒心了。"您是作家吧?您的想象力真的非常丰富!""听您的口音不像是本地人,好像是首都的吧?因为,我在首都上过学。"如果对方真的是从首都来的,至少有一个原理就被应用了,那就是顾客通常喜欢与自己有类似背景的人。

3. 自我介绍

销售顾问每一次标准的自我介绍,有可能会给对方留下足够深刻的印象,如说自己的名字的时候解释名字的含义。太多的销售顾问就是简单地递交了名片,认为顾客看了名片后就自动记住了自己的名字,而这种可能性有多大呢?你知道吉尼斯世界纪录的汽车销售高手是怎么做的吗?每一次递交名片的时候,他都对自己的名字做一个解释:"我叫乔·吉拉德。这是一个意大利名字,不太好记,叫我乔,就可以了。"他的许多客户在回忆与他交往的时候都提到,常常丢了他的名片,但是却永远不会忘记这个叫乔的汽车销售顾问。销售顾问自我介绍的方式在透露着经验、专业性以及完全替客户考虑的姿态。

4. 顾客的期望和需求

(1)进入展厅就立即有热情的接待,无需等待。

(2)当我被邀约来店时,能事先准备好迎接我,表达对我的期盼。

(3)始终是同一位销售顾问为我服务,如果销售顾问临时离开,要向我解释,不要让我等很久。

(4)接待我时对我的随行人员同样重视,包括我的小孩。

(5)销售人员具有丰富的汽车知识,并能提供竞争品牌和产品的相关参考信息。

(6)销售环境干净、舒适、方便。

5. 第一印象的重要性

留给顾客第一印象的机会只有一次,第一印象一旦形成会很难改变,良好的第一印象等于成功了一半。

6. 学会创造真实一刻来赢得好感

"真实一刻"即"感动的瞬间",好感是由这些瞬间组成的。下雨时,给别人撑伞,照顾到了别人,自己却被淋湿。在别人需要帮助时,没等对方开口就看到了他的困难,主动帮助他解决问题。

2.1.4 任务实施

榜样的故事:

被誉为"日本推销之神"的原一平,在刚刚进入销售行业时,是一个桀骜不驯、不太注重礼仪的人。有一天,原一平受公司之托去拜访一家烟酒店。这家烟酒店是由公司老业务员促成的新客户,因而原一平的这次拜访是回访。原一平当天着装很随意,帽子歪戴着,领带也没有系好。

烟酒店老板一见原一平的模样,就生气地大声说:"喂,你是什么态度?你懂不懂礼貌。我信任你们公司,所以才投了保,谁知道我所信赖的公司的员工竟然这么随便、无礼!"

客户拒绝了原一平继续投保的请求。后来,原一平不断地道歉,才勉强留住了这位客户。多年后他对这件事依然记忆犹新。在世界"百万美元圆桌会议"上,有媒体对这位销售员做了专访,当问原一平什么才是成功推销的保证时,原一平很认真地道出了两个字——"礼仪"。

1. "待客三声"

接待客人的基本要求是文明、礼貌、热情。要做到文明、礼貌、热情,就要做到"待客三声"。所谓"待客三声"是指来有迎声、问有答声、去有送声。

(1)来有迎声。

来有迎声的含义就是要主动、热情、友善地与接待的客人打招呼,向对方问候致意。当公司员工在自己的工作岗位上接待来宾,或者面对外来客人时,都要具有强烈的主人翁意识,主动向交往对象打招呼,或者问候对方。来而不问是非常失礼的。

(2)问有答声。

问有答声是指在自己工作岗位上当班执勤时,面对客人有问必答,不厌其烦。不提倡在非正式场合以及正式场合主动与客人谈论那些与自己工作业务不相关的事情,但是当客人提出问题时,应该有问必答。有问必答是一种耐心,是一种教养,也是一种风度。问有答声是文明待客的一种基本表现。

(3)去有送声。

去有送声是文明待客的最后一个环节。当客人离去时,不论对方有没有主动与你道别,不论双方洽谈是否成交,本着自始至终、有始有终的原则,都要主动向对方道别、致意。忽视这最后一个环节,来有迎声、问有答声的种种良好表现都会前功尽弃。

2. 展厅接待流程

展厅接待是展示销售顾问的专业素养,同时也是获取顾客信任感的重要步骤,具体接待流程如图2-1所示。

(1)迎接顾客。

销售顾问要保持微笑,积极主动迎接顾客,不能让顾客感到被冷落。如果顾客只是在门外观望,要主动打招呼并请其进门。如果是雨雪天气,必须主动帮助顾客收拾雨具、放置衣帽等。

(2)打招呼。

销售顾问与每一位来访者打招呼,要做到轻柔而不造作,轻声而不低沉,真诚、热切地注视顾客。

(3)自我介绍。

销售顾问应主动简单做自我介绍,并递上自己的名片。为了避免客户忘记带走名片,在客户即将离开时,可以将名片订在送给客户的车型册等资料上。这样,顾客查看资料时,如果遇到问题,多半会选择给销售顾问打电话。

(4)主动热情帮助。

销售顾问要记下每位顾客的姓名,然后根据姓来称呼客户,比如"谭先生"或"张小姐"等,这样可以缩短与顾客的距离。接着询问顾客需要什么帮助或有什么要求,让座、递茶水、小吃。

(5)后续工作。

此时该进入正题了,可以就顾客的各种需求向顾客介绍车型和汽车知识。

具体的欢迎顾客入店的内容见图2-2。

3. 展厅接待服务

顾客进入展厅后,就意味着顾客展厅接待工作开始了。展厅接待有很多情况,销售顾问一定要做好各种情况的接待工作。

项目二　顾客接待

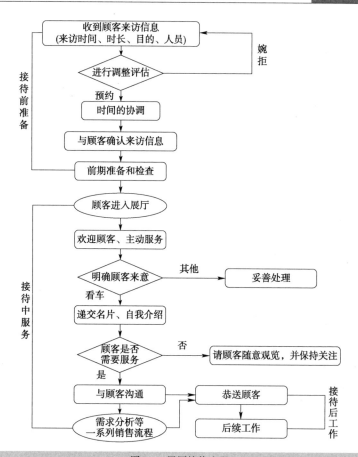

图 2-1　展厅接待流程

汽车销售顾问应在第一时间欢迎客户，微笑主动与顾客打招呼，将客户引导进门。

注意各方面细节，如天气炎热，可以引导顾客至休息区，并提供冷饮等，雨雪天气注意帮助顾客收拾雨具等。留意顾客的交通工具，如果是开车，应注意车型。

在顾客进入展厅后，应主动与顾客进行交谈，可适当交流一些与购车无关的话题，使顾客放松本能的警惕，拉近销售顾问与顾客的距离，为后续深入的交谈和成交奠定基础。

任何一名销售顾问在遇到任何一位到店的顾客都应礼貌友好地报之以微笑和柔和的眼神，为顾客营造温馨、热情的购车氛围，营造良好的企业形象，更容易使客户信任销售顾问。

如是再次来店的顾客，除了要完成以上接待礼仪，还应用亲切的面部表情和热情的语言来表示已经认出对方并正确地称呼对方，如"倪女士，你的口红颜色换啦，好衬你的肤色呀。"

图 2-2　欢迎顾客

(1)顾客进入展厅时的接待。

当顾客进入展厅时,销售顾问一定要热情、真诚地迎接。具体接待情况如下所示。

①30s内察觉到顾客的到来,并在几秒钟内大脑就要加工处理顾客的信号,依据其衣着、姿态、面部表情、眼神等评估出其态度、购买倾向等,注意不要以貌取人。

②目光相遇时,点头示意。如顾客点头回应,应即刻上前接待;如果顾客视而不见,且直奔展车专注看车,可给客户1~2min的自由看车时间。

③面带微笑,目光柔和注视对方,以愉快的声调致欢迎词"欢迎光临,我是销售顾问×××,请问有什么可以帮助的吗?"

④和每个来访者必须在2min内打招呼并进行交谈,可适当地交流一些与车无关的其他话题,借此打消顾客本能的警惕和戒备,拉近彼此心理距离。

⑤礼貌、热情,与顾客目光相遇时皆应友好地点头示意,并打招呼"您好!"良好的第一印象有助于增强顾客对于品牌、公司和个人的信任,为后续放松、深入的交谈奠定坚实的基础。

⑥如顾客是再次来展厅的,销售顾问应该用热情的言语表达已认出对方,最好能够直接称呼对方。比如,"张女士,您来了,上次的桂林旅游收获很大吧?"或"张女士,您来了。咦,发型换了,好漂亮啊!"等。

> **销售小课堂:**
> 侯女士与朋友到一家汽车4S店准备选购一辆新车,销售顾问小范很热情地迎接了她们。由于小范新入职不久,急于完成销售业绩,看到侯女士两人,不禁心中暗喜。在引领客人进入展厅的时候,小范与侯女士并肩而行,一边走一边介绍车型,且手总是无意触碰侯女士的胳膊,引起侯女士的不快。
> 小范的做法不对,他没有掌握销售中的位次礼仪。位次礼仪是指人们在交往过程中彼此之间各自所处位置的尊卑次序。在销售活动中,位次的安排是否规范、是否合乎礼仪的要求,都可以反映出对客户的尊重和友好程度。

(2)客户要求自行看车或随便看看时的接待。

当客户要求自行看车或随便看看时,销售顾问可按以下方式接待。

①回应"请随意,我愿意随时为您提供服务。"

②撤离,在客户目光所及范围内,随时关注客户是否有需求。

③在客户自行环视车辆或某处10min左右,仍对销售顾问没有表示需求时,销售顾问应再次主动走上前说"您看的这款车是××,是近期最畅销的一款……""请问……"。

④未等销售顾问再次走上前,客户就要离开展厅,应主动相送,并询问快速离开的原因,请求留下其联系方式或预约下次看车时间。

(3)客户需要帮助时的接待。

当客户需要帮助时,销售顾问可按以下方式接待。

①亲切、友好地与顾客交流,回答问题要准确、自信、充满感染力。

②提开放式问题,了解客户购买汽车的相关信息。

比如,××车给您的印象如何?您理想中的车是什么样的?您对××产品技术了解哪些?您购车考虑的最主要因素是什么?(建议开始提一些泛而广的问题,而后转入具体问题。)

③获取顾客的称谓,"可以告诉我,怎么称呼您吗?"并在交流中称呼对方(如李先生、杨女士等)。
④主动递送相关的产品资料,给顾客看车提供参考。
⑤照顾好与顾客同行的伙伴。
⑥不要长时间站立交流,适当时机可请顾客进入车内感受,或请客户到洽谈处坐下交流。
(4)顾客在洽谈区时的接待。
当顾客在洽谈区时,销售顾问可按以下方式接待。
①主动提供饮用的茶水。递杯时,左手握住杯子底部,右手伸直靠到左前臂,以示尊重、礼貌。
②充分利用这段时间尽可能多地搜集潜在客户的基本信息,尤其是姓名、联系电话。如请潜在客户填写"顾客接洽卡",填写接洽卡的最佳时机是在同顾客交谈了一段时间后,而不是见面后立即提出请求。可以说"麻烦您填一下这张卡,便于今后我们能把新产品和展览的信息通知您。"
③交换名片时可说"很高兴认识您,可否有幸跟您交换一下名片?这是我的名片,请多关照。""这是我的名片,可以留一张您的名片给我吗?以便在有新产品或有优惠活动时,及时与您取得联系。"
④交谈时,除了谈产品以外,还应寻找恰当的时机多谈谈对方的工作、家庭或其他感兴趣的话题,建立良好的关系。
⑤多借助销售工具,如公司简介,产品宣传资料、媒体报道、售后服务流程,以及糖果、小礼物等。
(5)顾客离开时。
当顾客离开时,销售顾问可按以下方式接待。
①放下手中其他事务,陪同顾客走向展厅门口。
②提醒客户清点随身携带的物品以及销售与服务的相关单据。
③递交名片,并索要对方名片(若以前没有交换过名片)。
④预约下次来访时间,表示愿意下次来访时仍由本销售顾问接待,便于后续跟踪。
⑤真诚地感谢顾客光临本店,期待下次会面。在展厅门外挥手致意,目送客户离去。
(6)顾客离去以后。
顾客离去以后,销售顾问需做以下一些事情。
①将车辆调整至最初规定位置并进行清洁。
②清理、清洁洽谈桌水杯等。
③整理顾客信息。
④将自我着装、情绪调整到最佳状态,准备接待其他客户。

汽车销售顾问
见面准备

客户展厅接待
破冰技巧

销售小课堂:
刚进入汽车销售行业的小李本来是一个很自信的人,而且比较健谈。可是当他向顾客推销车辆时,却像变了个人,面对顾客,他总觉得低人一等。特别是面对经理级别的顾客,他无形之中就觉得自己比对方矮了半截。但是在日常销售活动中,豪华车型的目标顾客大多数是经理级别的,小李因此而发愁,销量惨淡。

> 销售顾问在车辆推荐时必须讲究平等原则,平等是销售人员与顾客交往时建立情感的基础,是保持良好关系的诀窍。

任务2.2 电话接待

2.2.1 任务引入

当今的世界是一个快节奏、高效率的时代,电话已成为现代社会主要通信工具之一。对于销售顾问来说,顾客接待不仅包括展厅接待,还包括电话接待。电话具有传递迅速、使用方便、失真度小和效率高的优点,销售顾问真诚、热情地与顾客通话,可以让顾客感受到销售顾问的诚恳,通过技巧性的电话沟通,不仅可以吸引顾客的好奇心,还能与顾客建立初步的信任关系,使其期待下次会面。

2.2.2 任务目标

1. 职业目标

(1)熟悉电话沟通的基本要求、基本原则和步骤。
(2)能够在汽车营销活动中利用电话这一通信工具正确规范地与顾客交流。
(3)能够面对不同销售情景开展电话沟通工作。

2. 素质目标

养成文明、有素养的通话习惯,塑造个人和公司良好的电话形象,从而进一步塑造个人和公司的良好形象。

2.2.3 相关知识

1. 电话沟通的重要性

汽车经销公司每个部门的人员都有机会和顾客通过电话的方式来进行沟通,更何况是直接面向顾客的一线销售部门的销售顾问。电话沟通涉及的面很广,与日常的会话和书信联络相比,使用电话沟通具有即时性、经常性、简洁性、双向性、礼仪性等较为突出的特点。使用电话沟通必须以礼待人,克己敬人,不可失礼失敬于人。每个电话在工作上都代表着公司和员工个人的礼仪质量和服务质量,在生活中会影响你的人际关系,因此,掌握正确的电话沟通技巧是非常必要的,熟知并时刻正确应用电话沟通技巧是每个销售顾问都必须掌握的一项工作技能。

2. 接电话的四个基本原则

(1)电话铃响在三声之内接起。
(2)电话机旁准备好纸笔进行记录。
(3)确认记录下的时间、地点、对象和事件等重要事项。
(4)告知对方自己的姓名。

3. 接电话的重要礼仪

(1)认真做好记录。

(2)使用礼貌语言。

(3)讲话时要简洁、明了。

(4)注意听取时间、地点、事由和数字等重要词语。

(5)电话中应避免使用对方不能理解的专业术语或简略语。

(6)注意讲话语速不宜过快。

(7)打错电话要有礼貌地回答,让对方重新确认电话号码。

4. 打电话的重要礼仪

(1)要考虑打电话的时间(对方此时是否有时间或者方便)。

(2)注意确认对方的电话号码、公司、姓名,以避免打错电话。

(3)准备好所需要用到的资料、文件等。

(4)讲话的内容要有次序,简洁、明了。

(5)注意通话时间,不宜过长。

(6)要使用礼貌语言。

(7)外界的杂音或私语不能传入电话内。

(8)避免私人电话。

5. 重要的第一声

在生活中致电某公司,当电话一接通,就能听到对方亲切、优美的招呼声,心里一定会很愉快,使对话能顺利展开,并对该公司有了较好的印象。比如同样说:"你好,这里是××公司。"声音清晰、悦耳、吐字准确,更容易给对方留下好的印象,对方对其所在公司也会有好印象。从通话的一开始,你的"第一声"就代表了你的素质和公司的形象,因此销售顾问在接打电话时都要树立电话第一声就"代表公司形象"的意识。

6. 电话沟通自我检查20问

(1)电话机旁有无准备记录用纸笔?

(2)有无在电话铃响三声之内接起电话?

(3)是否在接听电话时做记录?

(4)接起电话有无说"您好"或"您好,××"?

(5)顾客来电时,有无表示谢意?

(6)对顾客有无使用专业术语、简略语?

(7)对外部电话是否使用敬语?

(8)是否让顾客等候30s以上?

(9)打电话时,是否让对方猜测你是何人?

(10)是否正确听取了对方打电话的意图?

(11)是否重复了电话中的重要事项?

(12)要转达或留言时,是否告知对方自己的姓名?

(13)接到投诉电话时,有无表示歉意?

(14)接到打错电话时,有无礼貌回绝?

(15)拨打电话时,有无选择对方不忙的时间?
(16)拨打电话时,有无准备好手头所需要的资料?
(17)拨打电话时,有无事先告知对方结果、原委?
(18)说话是否清晰、有条理?
(19)是否拨打私人电话?
(20)是否将电话听筒轻轻放下?

2.2.4 任务实施

由于电话在汽车营销活动中的应用越来越广泛,因此,汽车销售顾问有必要掌握电话沟通技巧,包括接听、拨打电话技巧。

销售顾问在销售汽车的时候会大量使用电话,其中接听电话这项看似简单的工作,里面涉及的礼仪有很多。接听电话有本人接听、代人接听、转接电话三类,不可太随意,以免产生误会。

1. 接电话

(1)本人接听。

本人接听在接听电话里占很大的比重,因此销售顾问需要掌握接听流程及具体工作内容。

当销售顾问本人接到电话时,应该遵循如图2-3所示的规范流程。

图2-3 接电话的工作流程

来电接听往往是汽车销售顾问与客户的初次接触,销售顾问应按标准流程完成接听电话工作。本人接听电话的具体工作内容如下。

①电话前准备。电话前的准备与"磨刀不误砍柴工"有异曲同工之妙,销售顾问应做好充足准备,详见图2-4。

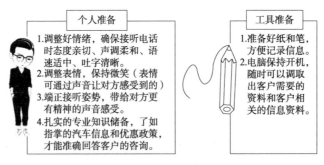

图2-4 电话前准备

②接听电话。销售顾问必须在电话铃响三声内接起电话。如果超过三声,在接起电话之后应向对方致以歉意,可说:"不好意思,刚才在忙,让您久等了。很高兴为你服务。"

③问候并自报家门。作为销售顾问，对于客户的服务应是主动热情的，所以接起电话以后应主动问候客户，如"上午好(下午好)""您好"等。

下一步就是自报家门。自报家门最忌讳接起电话第一声是："你谁呀，你找谁，喂"这样的质问性的话语。自报家门的内容必须包括单位、部门、姓名和职务，如："我是某某公司的(销售部的)销售顾问某某，请问有什么可以帮到您的呢？"

④询问称呼并确认对方。作为销售顾问，向顾客展示亲和力的方式之一，就是通过亲切的称呼来拉近与顾客的距离。如果整个过程都不知道对方怎么称呼或者一直用"您"来代替称呼，会让对方觉得你不重视他，他在你眼里并不具有最深印象，不利于接下来沟通工作的进行。所以销售顾问应礼貌询问对方称呼，如果是老客户还应及时调出客户相关信息资料，确认客户。

⑤了解需求并回答询问。明确顾客来电目的并回答询问是整个接听电话流程的核心，所以应主动询问明确顾客需求，然后专心听对方讲话，对顾客提出的需求的重点要做出一定的重复、附和和肯定，并要通过："好的、是的、清楚了、明白了、请放心"等话语向顾客反馈你有认真在听并理解他的需求，会去实行，以此来鼓励顾客继续说出他的需求与目的，给顾客良好的电话沟通体验。

⑥记录客户信息。销售顾问在接听电话时应养成随手记下对方来电的重要信息，以避免因为事忙或者记忆力不好而遗落了对方交代的重要信息或者细节，从而不耽误对方时间和计划，为和对方继续交往打下坚实基础。

⑦进行内容确认。销售顾问在顾客提完要求时，再次和对方确认他此次来电的主要内容，对重要的内容应着实重复一遍，确认好之后，再询问对方是否还有其他需要帮忙的，以避免信息的接洽错误。还可以善意提醒对方是否还有其他需要帮助的事情忘记提出来了，免得客户再次致电。如此一来，既为对方考虑，提高自己的效率，还给对方留下了专业贴心的良好印象。

⑧致谢结束语，等对方挂断。销售顾问在一开始接电话时对顾客表现出热情耐心，精神饱满，有了良好的开头，也应有良好的结尾，才算是有始有终。销售顾问应热情真诚地向顾客表示感谢，并送上吉祥的祝福语，如"祝您生活愉快"这样的话语，挂断前可再次重复一下汽车经销公司的名称和自己的姓名，加深顾客对于公司和销售顾问的印象。然后耐心地等待顾客先挂电话，因为客户为尊，让为尊者听你挂断电话的"嘟嘟"声是一件很失礼的事。

⑨轻放听筒。等到对方挂断电话后，销售顾问需要轻放听筒。这是一个很容易被销售顾问忽略的细节。尤其是在听了顾客的某些抱怨甚至指责的时候，销售顾问也不应该态度恶劣地重摔听筒来发泄心中不满。

轻放听筒是个人素质的显示，况且电话属于汽车经销公司的办公设施，轻放听筒还能维护汽车经销公司的财产。

⑩整理客户信息。轻放完听筒并不是接听电话流程中的最后一步。由于为了节约顾客时间，在记录对方内容时难免会比较杂乱，而且不同的客户来电的目的有轻重缓急之分，因此接听电话的最后一步是做好客户信息的整理。做完顾客信息整理，整个接听电话的流程才算是功德圆满。

职场电话规范案例：

销售顾问小黄在给顾客打电话的中途需要用到一些资料,因此向对方说了一句"请稍等片刻",就开始查阅资料。可是,她想要找的资料一时却找不到。过了 5min 后,她好不容易将资料搬到了办公桌上,并且终于拿起了听筒,电话却已经被客户挂断了。

(2)代人接听。

通常每位销售顾问的办公桌上都会有一部电话,但某位销售顾问或因事务繁忙会不在办公室,所以当不在办公室的销售顾问桌上的电话响起时,就需要在办公室的销售顾问代接电话。这样的情况在工作中很常见,因此了解并掌握代接电话的礼仪很有实用性。

代人接听电话较为常见,销售顾问应在心中有一个具体的框架,操作起来才会有所准备,才能得心应手,给顾客带来更为专业周到的服务,具体流程如图 2-5 所示。

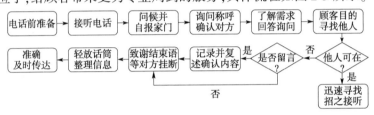

图 2-5　代人接听电话流程

由于代接电话和本人接听电话在流程上有很多相似的步骤,所以在此只详细讲述代接电话和本人接听电话在流程上不同的步骤及具体的工作内容。代人接听电话的具体工作内容如下。

①顾客目的是寻找他人。在询问客户需求时,客户告知他致电寻找的人不是你,而是他人,不可表现出不耐烦,应该热情相助。

②受话人是否在办公室。代接电话的情况分为 3 种,每一种在礼仪的细节上都有差别,具体的内容如下。

第一种:对方寻找的受话人就在身边。这种情况应告知打电话者稍后,然后捂住电话话筒并将电话交给受话人,轻声告知受话人:"你的电话。"切忌对着话筒大声喊人。

第二种:对方寻找的受话人在附近。这种情况应向打电话者说明他寻找的受话人就在附近,需要打电话者给代接者时间去寻找受话人,时间并不长,请对方稍等,然后迅速寻找到受话人,让受话人前来接听。

第三种:对方寻找的受话人不在。这种情况就需要接着走完代接电话的以下流程。

如果打电话者寻找的受话人是领导,应告知打电话者稍等,然后告知领导是谁打电话找他,并把已知情况全部都简洁、迅速地转告领导,以避免来电者再次重复,节约来电者和领导的时间。

③是否留言。当致电者寻找的受话人不在,应询问致电者是否愿意留言。这一步骤存在两种情况,销售顾问应区别对待。

第一种:如果对方不愿留言,代接者应尊重对方意愿,告知致电者会转告受话人,事后转告即可。

第二种:如果致电者需要留言,代接人仔细记录致电者的相关信息和重要内容,确保传达给真正受话人的信息与内容无误,事后转告即可。

④准确及时传达。这是代接电话最后一步,需要把接收记录的信息完整准确并及时传达给来电者寻找的那个受话者。既然答应对方要代为传话,就不能置之脑后,应尽快落实。

传达的内容除了利用"5W1H"技巧记下的来电者信息之外,还应记下来电者的联系方式,来电者是否还会再致电或者需不需要受话者回电,如果会再致电或需要回电约定的时间是什么时候。

"5W1H"是指原因(Why)、对象(What)、地点(Where)、时间(When)、人员(Who)和方法(How)六个方面的信息。

(3)转接电话。

①转接电话的流程。

客户打电话进来,但不是你负责的业务,此时销售顾问应按转接电话流程进行处理,流程如图2-6所示。

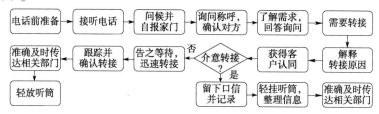

图2-6 转接电话工作流程

②转接电话的具体工作内容。

需要转接。了解顾客需求,并对你能解决的问题作出合理回答,发现顾客的问题涉及本公司其他部门职责,而你对这一内容并不熟悉或者根本不了解,此时为了给顾客提供更为周到专业的服务,需要为客户转接电话。

解释转接原因。需要转接电话的时候应耐心向顾客解释转接电话的原因。不解释的话,会让顾客觉得很突然,甚至会认为你在敷衍他,没有诚心想解决他的问题。

获得顾客认同。向顾客解释转接原因的另一目的就是为了获得顾客的认同。转接电话的这一行为,也是在和顾客的互动,多询问意见并尊重客户的意见,避免引起客户不必要的误会,从而为顾客提供更好的服务,给顾客留下良好印象。

询问顾客是否介意转接。顾客认同你的转接原因,并不代表他不介意转接,所以还是要询问顾客是否介意转接电话,而且尽量不要将顾客的电话进行多次转接,以免问题复杂化,容易造成顾客的不耐烦。

留下口信并记录。如果顾客表明不想转接,不要质问顾客不愿转接的原因,应征得客户同意后留下顾客的口信并作详细记录,记录的相关技巧参考"5W1H"的内容,并告知客户你会及时将信息传达给相关部门,相关部门会及时联系顾客,请顾客放心。然后轻挂听筒,整理信息,并及时落实对顾客的承诺,准确地将情况传达至相关部门。

告知等待,迅速转接。如果顾客不介意转接,就应告知顾客要耐心等待片刻(转接电话,等待其他部门相关人员接听电话也需要短暂的接听时间)。转接电话应迅速及时,一般情况下必须在20s内完成转接,节约顾客时间,向顾客展示了高效的办事效率以及积极的工作态度。

跟踪并确认转接。这是很容易被忽略的一步。有些销售顾问以为为顾客转接完其他部门的电话号码就万事大吉了,其实不然,应更细心周到地跟踪并确认转接的电话是否转接到位,因为偶尔会出现转接部门人员暂时有事没能及时接听等情况。在转接不成功的情况下,向顾客说明情况,安抚客户情绪。若电话接通,应简洁准确地向相关部门描述转过来的电话顾客的情况,节约双方时间,让转接的部门有思考解决问题的时间。

(4)接听电话应遵循的几个原则。

①坚持做到留下顾客的有效联系方式。

【话术举例】

"请问您的手机号码是多少?我们有什么优惠活动好及时通知您。"

②坚持做到邀约顾客来公司面谈。

【话术举例】

"您先来店,直接找我就可以了,给您做一个详细的介绍,您试乘试驾后还将获得我们给您准备的一份精美礼品。"

③坚持做到不受客户诱惑,只报统一价和公开优惠价。

【话术举例】

"我们的车饰××万元,您先来店看车满不满意,价格我们面谈,肯定会让您满意的。"

④不要一口气在电话里回答完顾客的所以疑问。

回答完所有疑问,你对他来说就没有吸引力了,所以要有保留,让他来展厅看车。

2. 打电话

汽车营销活动中,接听电话属于销售顾问被动行为,而拨打电话则是销售顾问邀约顾客的利器,即通过主动出击吸引来更多的顾客。

(1)拨打电话流程。

销售顾问拨打电话时,是代表公司形象与顾客联系,应按拨打电话流程,以提升公司形象,如图2-7所示。

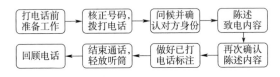

图2-7 拨打电话流程

(2)拨打电话的具体工作内容。

①打电话准备工作。在打电话之前做好充分的准备工作,才能"胸有成竹",以免将事情处理得一团糟,从而为后面的良好服务打下坚实基础,留给顾客良好的印象,详细如图2-8所示。

②核正号码,拨打电话。销售顾问做好打电话前的准备后,在拨打电话之前还是需要核对一下号码,以保证拨打过去的电话号码是正确的,以免打错电话,给别人造成不必要的打扰,这也能提高销售顾问本身拨打电话的工作效率。

③问候并确认对方身份。首先表示问候,然后确认对方身份。即便已经在拨打号码的时候已经核对过一遍电话号码了,但为了保证拨打的电话是正确的以及接听电话的受话者就是你要找的人,还是要和对方确认一遍对方的身份。确认完对方身份之后,加上对方的尊

称重新再问候对方一遍。

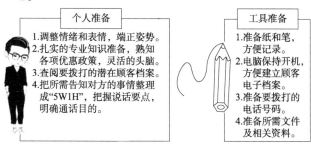

图 2-8 打电话前准备工作

④陈述致电内容。确认完对方身份之后,应自报家门,忌讳让对方"猜一猜"。然后,根据事先准备好的"5W1H"罗列的提纲进行阐述,明确通话目的,保证内容简洁完整,免得绕了很大一圈,对方还不明白你到底要干什么,增加对方的厌烦情绪。切记不可现说现想,丢三落四,缺少条理,更不可煲电话粥。

陈述内容的时候应保持良好的态度、温和的语气、适中的语速和端正的姿态,避免用专业复杂、让人难以理解的词汇或者术语。如果陈述的事情比较复杂或者需要多方代为转告他人,要礼貌地请求对方做好记录,要说:"劳驾您了""麻烦您了"等,并向对方表示感谢,不要认为理所当然。尤其是对时间、地点、数字等要点,需要和对方经过多次确认。

⑤再次确认陈述内容。陈述完内容后,应礼貌地询问对方是否已经记清,是否需要再重复一下陈述的内容。如果对方需要,可以进行内容重复。

⑥做好已拨电话标注。销售顾问事务繁忙,拨打的电话数量会很多,所以拨打一个电话,就做相应的记号来表示此电话是否已拨打,拨打后是否有人接听。

⑦结束通话。完成以上步骤之后,就可以结束通话。结束通话前要给对方送上结束祝福语,感谢对方接听。等待对方挂断电话之后,再结束通话。

⑧回顾电话。结束通话并不是拨打电话的最后一步,只有不断地对自己的言行举止进行反思总结,销售顾问才能进步,所以销售顾问在放下听筒以后,应该回顾一下自己刚刚拨打电话的经过和具体细节,是否有哪些地方做得还不够到位,下次应该改进,从而为客户提供更好的服务,让顾客对销售顾问和公司产生良好印象。

3. 分配任务

每 5 人为一组,选出 1 名组长,由组长对小组任务进行分工。组员按组长要求完成相关任务。电话沟通行为准则见表 2-1,具体任务要求如下:

组内成员 2 人为 1 小组,1 人扮演客户,1 人扮演销售顾问。

顾客打电话的内容分类:

(1)顾客询问公司地址、车型。

(2)顾客询问最近是否有优惠活动。

(3)顾客询问维修维护相关知识。

(4)顾客打错电话。

销售顾问拨打电话内容的分类:

(1)邀约电话:公司有活动、试乘试驾、签约提车等。

客户电话接待

(2)回访电话:询问购车以后的使用情况。
(3)其他(生日祝福等)。

电话沟通的行为准则　　　　　　　　　　　　　　　　　表2-1

环节	做什么	如何做
接听电话	在电话铃响三声之内接听电话,感谢顾客来电并清楚说明公司名称和自己的姓名	必须:×××××(公司的名字)×××(自己的名字)很高兴为您服务。移动电话可以不报自己的名字。回答顾客前先问:小姐贵姓或怎样称呼?必要时重复以示尊敬并确认,以后的通话使用尊称
	询问顾客怎样才能给他提供帮助	让顾客充分表达需求,并询问是否有其他的问题
	若电话是找人,应妥当地为其转接电话或找到要找的人	告知顾客电话将被转接,并向被转者说明顾客需求,以节省顾客时间,使顾客不必重复所说的话。如被访者占线,询问顾客是否愿意等10s或再和被访者谈话。被访者不在或忙可请顾客留下电话、姓名,待有空回过去。等对方先挂断电话
	及时明确地回复顾客提出的关于产品的问题	回答问题要准确,切忌含糊,首问负责。联系后要立即填表卡,如留下电话。避免在电话中谈价格
	主动邀请顾客来展厅看车或试乘试驾,介绍当期举行的公司活动	留下顾客信息。务必邀请每一位来电顾客到展厅试驾。视情况可以送车上门试驾
	将顾客资料立即记录到《来电/公司顾客登记表》	记录准确(尤其是数字)、及时录入《来电/公司顾客登记表》

4. 检测评价

汽车销售顾问电话接待评分表见表2-2。

电话接待评分表　　　　　　　　　　　　　　　　　表2-2

序号	评分项目	评分标准	分值	得分
1	接电话前的准备	1. 调整好姿态,保持周围环境安静; 2. 准备好纸笔,方便记录	20	
2	接电话中细则	1. 铃响三声内接听电话; 2. 自报家门,并问候顾客; 3. 听清来电目的,并做好记录; 4. 确定顾客是否有其他需求; 5. 致谢并让顾客先挂断	20	
3	接电话后的后续工作	1. 需要转达的事情去转达; 2. 需要给顾客发送短信的发送短信	20	
4	打电话前的准备	1. 选择打电话的时间; 2. 准备好纸笔,方便记录; 3. 利用"金字塔"原则列好事项	20	
5	接打电话中的语音、语速、言辞等	语音、语速适中,言辞符合规范	20	
	合计		100	

练习与思考

一、选择题

1. 以下不属于接待文明礼貌三要素的是(　　)。
   A. 接待三声　　B. 文明五句　　C. 热情三到　　D. 规范言语

2. 打电话时,不恰当的方式是(　　)。
   A. 用免提功能拨号,通话后再拿起话筒
   B. 左手拿话筒,右手拨号
   C. 利用重播功能拨号
   D. 用免提功能拨号,通话前就拿起话筒

3. 打电话时,对方无人接听,不恰当的方式是(　　)。
   A. 如对方是手机,改用短信联系　　B. 不停拨打
   C. 稍后再给对方打电话　　D. 如果公司电话,换一个号码致电

4. 打电话时,对方无人接听,进行电话留言时不恰当的留言方式是(　　)。
   A. 留下自己的姓名和联系电话　　B. 说明自己要联系的人
   C. 简要说明致电的原因　　D. 埋怨为什么没人及时接听电话

5. 打电话时,话筒与自己口部最规范的距离是(　　)。
   A. 5~6cm　　B. 4~5cm　　C. 2~3cm　　D. 1~2cm

6. 打电话时,相对比较恰当的通话时间是(　　)。
   A. 越快越好　　B. 越长越好
   C. 控制时间3min　　D. 随意

7. 打电话时,以下比较恰当的用语是(　　)。
   A. 你好!我是某某某,请问方便接电话吗
   B. 我要找某某某
   C. 是某某某吗
   D. 我有某某某事

8. 打电话时谁先挂断,交际礼仪给了一个规范的做法(　　)。
   A. 对方先挂　　B. 自己先挂
   C. 地位高者先挂　　D. 以上都不对

9. 当顾客不满意服务、产品质量时,展厅销售顾问应使用的话语是(　　)。
   A. 谢谢您　　B. 请您慢走
   C. 不说话　　D. 对不起,非常抱歉

10. 当你的同事不在,你代他接电话时,应该(　　)。
    A. 先请问对方是谁
    B. 先记录对方的重要内容,待同事回来后告诉他处理
    C. 先问对方有什么事
    D. 先告诉对方他要找的人不在

11. 对于电话礼仪,不正确的是(   )。
    A. 迅速准确地接听
    B. 使用清晰明朗的声音
    C. 以不同的态度对待不同的客户
    D. 认真清楚地记录
12. 对于电话留言,比较恰当的方式是(   )。
    A. 留到工作忙完,有空再来听
    B. 及时收听
    C. 不回复,及时收听,对重要的电话留言在24h内回复
    D. 及时收听,对所有的电话留言均在24h内回复
13. 接电话时,拿起话筒的最佳时机应在铃声响过(   )之后。
    A. 一声   B. 两声   C. 四声   D. 五声
14. 接听电话后当要结束电话交谈时,不恰当的方式是(   )。
    A. 客气地说道别,说再见
    B. 先挂机
    C. 待对方挂断后挂断
    D. 询问对方对自己的服务是否满意
15. 接听电话时,不恰当的态度是(   )。
    A. 热忱   B. 真诚
    C. 主动询问对方的需求   D. 被动的回答问题

二、判断题

1. 展厅接待中,当顾客表明想先自行看看展车时,销售顾问应该站在距离顾客0.5~1m处等候。(   )
2. 展厅接待中,注意不要让顾客长时间站立交流,可适时请顾客去洽谈区坐下交流。(   )
3. 展厅接待中,销售顾问不能不顾顾客需求,自行按照个人意志进行接待。(   )
4. 展厅接待中"接待三声"包括"来有迎声""问有答声""去有送声"。(   )
5. 展厅接待中,销售顾问在自我介绍时可以选择不递送自己的名片。(   )

三、想一想(思政引导)

1. 社会主义核心价值观中有"爱岗、敬业、诚信、友善",作为新时代的"打工人"和"追梦人",我们应该如何做到符合核心价值观中的个人层次的要求?

2. 各位同学,将来当你踏入工作岗位时,如果你发现你的领导在工作场合中触犯了诚信,作为下属的你会如何做?

项目三 顾客需求咨询及分析

项目描述

在现实销售过程中,顾问购车的需求是多方面的,可能是表示身份的需要,可能是运输的需要,也可能是以车代步等。销售顾问通过与顾客的沟通,对其需求进行有效分析,对顾客的购买意向有明确判断,明确顾客真正的需求,并提供专业的解决方案。在需求分析过程中,销售顾问既要了解顾客的显性需求,也要了解顾客的隐性需求,甚至要能发现顾客的未知需求,从而更好地向顾客进行车辆推荐。

任务 3.1 顾客需求分析的基本内容

3.1.1 任务引入

销售顾问了解自己的产品固然重要,但更重要的是了解顾客,通过深入的顾客需求分析来进行更好的销售。本次任务主要学习如何进行顾客需求分析。

3.1.2 任务目标

1. 职业目标
(1)熟悉需求分析的内容。
(2)灵活运用需求分析方法、技巧,进行需求分析。
2. 素质目标
(1)培养具有分析思考的意识。
(2)培养文明沟通的良好习惯。

客户性格
特征分析

3.1.3 相关知识

1. 顾客需求分析的概念
顾客需求分析是指通过买卖双方的持续沟通,对顾客购买产品的欲望、用途、功能、款式进行逐渐发掘,将顾客心理模糊的认识以精确的方式描述并展示出来的过程。

2. 冰山理论

冰山既有露在水面以上的部分,也有隐藏在水面以下的部分。水面以上的部分是显性

图 3-1 冰山理论

的,就是顾客自己知道并能说出来的那部分;水面以下的部分是隐性的,比较复杂,有的顾客知道但不愿意告知销售顾问,有的顾客自己都不知道。冰山理论具体含义如图 3-1 所示。比如,客户打算花 10 万元买一辆车,可往往有的人都不知道自己要买什么样的车,这时销售顾问要想让顾客买车,就得先解决顾客的问题。帮顾客买车的前提就是要对顾客的需求做仔细的分析。既要了解顾客的显性问题,又要了解顾客的隐性问题,这样才能真正地分析出顾客的需求。

冰山理论从另一方面又可以理解为理性和感性方面的需求。理性需求包括产品本身、价格、动力等。感性需求则包含更广,如自豪、大气、安全、乐趣、面子、健康、激情、尊贵等。例如,顾客因预算有限,原本打算购买一辆配置较低的车,但经销商处只有一辆配置较高的车,在低配车的基础上还多了天窗、真皮座椅、侧气囊、大轮胎等众多豪华配置,价格需要高出 1 万元。此时,如果销售顾问要推荐顾客购买这辆配置较高的车型时,就需要介绍配备了这些豪华配置以后,可以给顾客带来安全、大气、尊贵、有面子等方面的好处。其实,客户如果在经济能力允许的情况下,往往也是会接受的,因为这些所谓的安全、大气、尊贵、有面子等好处都是存在于顾客心中的感性需求。也就是说,销售顾问在日常销售过程中,要结合顾客和自身两方面因素去考虑,才能准确把握顾客的心理,发掘顾客内心隐藏的购买动机,如此才能大大提高销售的成交机率。

3. 购车动机及重点

购车动机是引导顾客购车活动指向确定目标,以满足需要的购买意愿和冲动。这种购买意愿和冲动是十分复杂且难以捉摸的心理活动。从顾客的购车动机表现来看,可以将其归纳为两大类:理智动机和感情动机。

①理智动机。

实用。立足于车辆的基本功能,偏重于汽车的技术性能,对外观、价格、品牌等则考虑经济性。在其他条件大致相同的情况下,价格往往成为左右顾客取舍的关键因素。

可靠。顾客总是希望汽车在生命周期内能正常发挥其使用价值。

安全。安全性是顾客必然要考虑的。

美感。爱美之心人皆有之,美感也是汽车的使用价值之一。

使用方便。省力省事是人们的一种自然需求,自动挡轿车的出现正是如此。

购买方便。时间就是金钱,人们不愿耗费过多的精力在购车过程中。

售后服务。良好的售后服务是汽车内在质量的延伸。

②感情动机。

好奇心理。好奇是人的普遍心理,没有有无之分,只有程度不同。

追求个性。人们的内心总想与众不同,尤其是年轻人。

炫耀心理。以购物来显示自己某种超人之处,主要针对功成名就、收入颇丰的高收入阶层。

攀比心理。别人有的,自己也想有。

从众心理。人们不愿在自己的生活圈里落伍。

崇外心理。有些人崇拜进口车。

尊重心理。人们总是希望自己有一定地位,被别人尊重。

榜样的故事:

一天,一位中年妇女走进乔·吉拉德的展厅,说她想看看汽车,打发一会儿时间。闲谈中,她告诉乔·吉拉德想买一辆白色的福特车,就像她表姐开的那辆一样,但对面的福特销售员让她一小时后再过去,所以她就先来这里看看。她还说这是她送给自己的生日礼物:"今天是我55岁生日。"

"生日快乐!夫人。"乔·吉拉德一边说一边请她进来随便看看,接着出去向助手交代了一下,然后回来对她说:"夫人,您喜欢白色的汽车,既然您现在有时间,我给您介绍一下我们的双门式轿车,也是白色的。"

他们正谈着,助手走了进来,递给乔·吉拉德一束玫瑰花。乔·吉拉德把花送给那位妇女:"祝您生日快乐!"

那位妇女很受感动。"已经很久没有人给我送礼物了。"她说,"刚才那位福特销售员一定是看我开了辆旧车,以为我买不起新车,我刚要看车他却说要去收一笔款,于是我就上这儿来等他。其实我只想要一辆白色的车而已,只不过表姐的车是福特,所以我也想买福特。现在想想,不买福特也可以。"

最后,那位中年妇女在乔·吉拉德这里买走了一辆雪佛兰汽车。

根据客户的购车用途来分,购车动机又可以分为以下四种:

动机一:以车代步,方便上下班。

这是许多都市人最基本的购车动机。特别是住所离市区或公司较远的上班族,希望驾车缩短出行时间。如果客户最主要的购买动机是代步,那么,排量在1.6L以下的小型车就能完全满足需求。经济条件充裕的,可以选择款式新颖、热门品牌的车甚至是进口小型车,如图3-2所示。

动机二:自驾车旅行,提高生活质量。

在假日驾车远离喧嚣的都市,到乡间郊外打发休闲时光,是现代许多时尚都市人的梦想。对他们来说,车不仅是交通工具,更重要的是能够丰富工作以外的生活。因此,车除了能在城市的大街小巷穿梭,还应具备高速行驶的动力和乘坐的舒适性。休闲旅行车或中型房车都在可选择范围之内,如图3-3所示,具体品牌视个人财力而定。

动机三:跑长途或野外探险。

对因工作原因需要经常跑长途或要在野外行驶的客户来说,购买动力强劲、通过性强、装载空间充足的车最为适合。因为要适应长途消耗以及野外的各种路况,四驱越野车很符合要求,图3-4就是一台JEEP车在山间行进的场景。

图3-2 上下班代步小型车

图3-3 休闲旅行车

动机四：用于商务洽谈或公务活动。

如果是私营企业的经理或者是企业高管，买车主要是商业和公务活动的需要，那么休闲的私家车就不太适合。为了体现公司及个人的形象，外观大气、稳重的中高档轿车是更好选择。如果公司规模较大，可以考虑6座以上的商务车，如图3-5所示。

图3-4 野外探险的越野车

图3-5 奔驰商务车

4.客户的类型

汽车客户一般分成两种类型：一种是购车主体以家庭或单个个体为主的零散客户，也称个人或家庭客户，购车一般以自用或授权有限的他用为主。另一种是以企事业单位或其他组织为主的大客户，通常一次性购车量较大，购车主体通常由相关单位成立的专门采购委员会构成，无论是决策程序还是采购流程都比零散客户复杂。这些都决定了汽车销售企业要针对不同购车客户的消费行为特征进行有针对性的研究，总结其消费行为规律，从而有针对性地开展营销活动。

3.1.4 任务实施

1.分析客户的性格类型

充分了解顾客，首先就是要了解顾客的大致类型。销售顾问一天要接待大约10个顾客，不可能对每一个顾客都做到非常深入、透彻的了解。因此，我们一般通过两个方向来了解他们，一个是他们表达的意愿，另外一个是他们的情感度。这样通过这两个指标就将所有的顾客大致区分为四类，具体见图3-6。

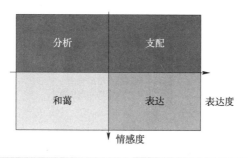

客户需求分析
提问技巧

图 3-6 顾客分类象限图

(1) 支配型顾客。

支配型顾客做事爽快,决策果断,以事实和任务为中心,具体特征如图 3-7 所示。

```
┌─────────────────────────────────────────────────────┐
│  支配型                                              │
├─────────────────────────┬──────────────┬────────────┤
│ 特征:                   │ 需求:        │ 恐惧:      │
│ ➤ 发表讲话、发号施令    │ ➤ 直接回答   │ ➤ 犯错误   │
│ ➤ 不能容忍错误          │ ➤ 大量的新想法│ ➤ 没有结果 │
│ ➤ 不在乎别人的情绪、别人│ ➤ 事实       │            │
│   的建议                │              │            │
│ ➤ 是决策者、冒险家,是个│              │            │
│   有目的的听众          │              │            │
│ ➤ 喜欢控制局面,一切为了赢│            │            │
│ ➤ 冷静独立、以自我为中心│              │            │
├─────────────────────────┴──────────────┴────────────┤
│ 策略:                                                │
│ ➤ 充分准备,实话实说                                 │
│ ➤ 准备一张概要,并辅以背景资料                        │
│ ➤ 要强有力,但不要挑战他的权威地位                    │
│ ➤ 喜欢有锋芒的人,但同时也讨厌别人告诉他该怎么做      │
│ ➤ 从结果的角度谈,提供两到三个方案供其选择            │
│ ➤ 指出你的建议是如何帮助他达成目标的                  │
└─────────────────────────────────────────────────────┘
```

图 3-7 支配型顾客性格特征

销售顾问在营销活动中遇到这样的顾客时,应做到以下几点:

①在探讨需求时不要给他们造成压迫感;

②在与他们探讨需求时,尽可能地使用可以刺激他们需求的话语和词汇:高效、时间、领先、权力、地位、威信等;

③进行产品介绍时,尽可能地汇报要点。

(2) 表达型顾客。

表达型顾客是非常感性的人,对人对事都充满了热情,具体特征如图 3-8 所示。

销售顾问在营销活动中遇到这样的客户时,应做到以下几点:

①回复对方的热情;

②在与他们探讨需求时,加强闲聊内容,有助于建立融洽关系;

③尽可能短时间内让对方说,并寻找机会夸赞。

(3) 和蔼型顾客。

和蔼型顾客平时行事速度较慢,建立关系需要一定的时间,具体特征如图 3-9 所示。

表达型

特征：	需求：	恐惧：
➢ 充满激情，有创造力，理想化，重感情，乐观 ➢ 凡事喜欢参与，不喜欢孤独 ➢ 追求乐趣，乐于让别人开心 ➢ 通常没有条理，一会儿东一会儿西	➢ 公众的认可 ➢ 民主的关系 ➢ 表达自己的自由 ➢ 有人帮助实现创意	➢ 失去大家的赞同

策略：
➢ 表现出充满活力，精力充沛
➢ 提出新的、独特的观点
➢ 给出例子和佐证
➢ 给他们时间说话
➢ 注意自己要明确目的，讲话直率
➢ 以书面形式与其确认
➢ 要准备他们不一定能说到做到

图3-8 表达型客户性格特征

和蔼型

特征：	需求：	恐惧：
➢ 善于保持人际关系 ➢ 忠诚，关心别人，喜欢与人打交道，待人热心 ➢ 耐心，能够帮激动的人冷静下来 ➢ 不喜欢采取主动，愿意停留在一个地方 ➢ 非常出色的听众，迟缓的决策人 ➢ 不喜欢人际间矛盾	➢ 安全感 ➢ 真诚的赞赏 ➢ 传统的方式，程序	➢ 失去安全感

策略：
➢ 放慢语速，以友好但非正式的方式
➢ 提供个人帮助，建立信任关系
➢ 从对方角度理解
➢ 讨论问题时要涉及人的因素

图3-9 和蔼型顾客性格特征

销售顾问在营销活动中遇到这样的顾客时，应做到以下几点：
①讲话速度要慢，音量不要太高；
②在与他们探讨需求时，可以多说一些关怀的话语；
③在销售过程中，极力做好引导工作。

（4）分析型顾客。

在接待分析型顾客过程中需要重视他们，不能让他们感到被冷落，具体特征如图3-10所示。

销售顾问在营销活动中遇到这样的客户时，应做到以下几点：
①不可与他们谈论太多与目的无关的东西，不要显得太过热情，要直入主题；
②提供数据，提供更多的事实和证据，以供他们判断；
③在销售过程中，认真对待，不可马虎，凡事要仔细。

分析型

特征：
- 天生喜欢分析
- 会问许多具体细节方面的问题
- 敏感，喜欢较大的个人空间
- 事事喜欢准确完善
- 喜欢条理，框架
- 对于决策非常谨慎，过分地依赖材料、数据，工作起来很慢

需求：
- 安全感
- 不希望有突然的改变
- 希望被别人重视

恐惧：
- 批评
- 混乱局面
- 没有清楚的条理
- 新的措施方法

策略：
- 尊重他们对个人空间的需求
- 不要过于随便，公事公办，着装正统
- 摆事实，并确保其正确性，对方对信息是多多益善
- 做好准备，语速放慢
- 不要过于友好
- 集中精力在事实上

图3-10 分析型顾客性格特征

2. 透析不同身份顾客心理

要想掌握顾客需求，进而更好地满足客户需求，必须对顾客的心理有足够的了解。因为"心"支配了一个人的思想、意志，同样也支配了一个人的购买行为。经营策划和销售都要紧紧围绕客户的"心"展开。同样，透析顾客心理会对掌握客户心理规律有极大的帮助，对提高销售顾问素质也有很大裨益。

（1）男性顾客。

男性往往更善于控制自己的情绪，处理事情时能够冷静地权衡各种利弊因素，行为比较理性，这些生理特征直接影响他们的购车行为。因此，男性客户在购车时，更关注汽车产品本身，尤其对汽车的动力性，对促销策略很关心，一旦相中了某款车型，购买决策都比较果断，并能立即导致购买行为，很少在购车细节问题上纠缠不清。

男性客户在购车活动中，心理变化不如女性强烈，感情色彩比较淡。通常是在全面评价、综合分析车辆的各种利弊因素的基础上，形成购车决策。决策一旦形成，不轻易改变，稳定性较好。其购买行为也比较有规律，如颜色偏好白色、黑色和银色。男性客户购车时主要考虑车辆的品牌、动力、配置、质量、油耗和售后服务等。如果上述条件符合他的要求，他们也不会因为经销商的细微服务不周或厂家促销政策的诱惑等因素而轻易改变购买决策。

（2）女性顾客。

女性感情丰富、细腻，心理变化强烈，对购物有天生的偏好，甚至把购物作为一种自身的需求。在购车的过程中，很容易受到车辆某一个方面突出特征的吸引，比如颜色、式样、某一特殊配置等，并且该突出特征会在其购车动机中起到决定性作用。女性一旦产生积极的心理活动，如喜欢、偏好等感情，就会促发购买行为。

女性购买动机的起伏性较大，喜欢凭对车辆的感情判断车辆的优劣，并形成对车辆的好恶倾向。在购车时首先讲究车辆外观样式，对汽车的颜色的选择偏重于白色和红色；其次才关注质量、价格等。其购车动机往往受厂家广告宣传、促销活动政策、购车场所环境、销售顾

问的服务以及其他有经验客户的意见等的影响。女性客户的购车动机总是摇摆不定,常使销售顾问产生"煮熟的鸭子都能飞"的销售困惑。

(3)青年顾客。

青年顾客内心情感较丰富,感觉比较敏锐,敢于冲破旧的传统观念与世俗偏见,易于接受新鲜事物,追随时代潮流。他们的购车行为趋向求新,倾向于购买富有时代特色的车辆来装饰自己和家庭,展现其现代化的生活方式,以博得他人的赞许和羡慕。

青年人的心理特征一方面表现出果断迅速、反应灵敏,另一方面也表现出感情冲动、草率行事。因此,其购买动机具有明显的冲动性特点。

(4)中老年顾客。

中老年顾客购买动机是在追求舒适与方便的心理状态下形成的。他们对汽车的要求不再是新颖、有个性,而是强调稳定的性能和实用性,当然也非常重视品牌。中老年人在选购车辆时,喜欢凭过去的经验、体会评价车辆的优劣,并对老牌子的车辆、名牌车辆有深刻的记忆,多年养成固定消费习惯,使购买动机有较强的理智性与稳定性,不易受外界因素的干扰,也不轻易为车辆的某一特点所动,而是全面评价、综合分析车辆的各种利弊因素,再做出购买决策。动机一旦形成,不轻易改变,或迟或早总会有购买行为。

任务3.2 需求分析的方法和技巧

3.2.1 任务引入

与顾客接触时,销售顾问首先要对顾客进行观察,除此之外,还可以采用提问、倾听的形式来达到顾客需求分析的目的。本次任务主要学习顾客需求分析的方法和技巧。

3.2.2 任务目标

1. 职业目标
(1)熟悉需求分析的方法。
(2)掌握需求分析的技巧。
2. 素质目标
(1)培养诚信意识,不能在介绍过程中夸大其词。
(2)培养文明销售的良好习惯。

销售顾问沟通
技巧准备

3.2.3 相关知识

1. 顾客需求分析的方法

作为销售顾问,只有更好的分析和理解顾客的需求,才能找到合适的突破口,最终促成销售的成功。需求分析的方法主要有观察、提问和倾听三种。

(1)观察。

需求分析过程中,销售顾问可以通过以下方面对顾客进行观察分析:

①表情、步态、手势。通过顾客的表情、步态和手势可以初步判断顾客的性格特征。

②目光、语气。目光是心灵的窗户,语气是心态的流露。从目光、语气中可以判断顾客的心理。

③衣着打扮。着装可以表达个人喜好和个性,根据顾客所佩戴的装饰品也可以判断性格特征。

(2)提问。

通过提问,能尽快找到顾客想要的答案,了解顾客的真实需求和想法。通过提问,也能尽快理清自己的思路。常见的提问方法有:

①状况询问法。

在销售活动中,使用频率最高的就是状况询问法。销售顾问可以这样询问顾客的状况:"您是第一次来我们店吗?""您是如何知道我们经销店的?""请问您现在开什么车?"……所有为了了解顾客目前状况所做的询问都称为状况询问。

②问题询问法。

在了解顾客的现状后,销售顾问就可以开展问题询问了,问题询问是为了探寻顾客潜在需求而进行的询问,比如"您购车有什么用途？是工作需要,还是家用为主?""您经常开车到外地出差吗?"

③暗示询问法。

销售顾问如果已经发现了顾客的潜在需求,就可以通过暗示询问的方式,让顾客了解自己的潜在需求。比如"王先生,刚才您说您比较喜欢自驾游,不知道这次选车是否考虑空间大一点的车型呢?"

【话术举例】

成功的发问诱导。

销售顾问:李先生,您想看看哪种款式的车?

客户:我还不确定,但是我买车主要目是家用,一家三口时不时可以自己出去旅游放松一下。

销售顾问:请问李先生有没有一个具体的购车预算?

客户:我只能负担总价在10万到15万之间的汽车,只要车子能给人舒适的感觉就好了。我自己有10年的驾车经验了。

销售顾问:您的驾驶经验很丰富啊,可以算得上是一名专业司机了。

客户:哪里哪里。

销售顾问:要买10万到15万之间的车,能满足要求的车型很多。考虑到您自身情况,您看10万元左右、相对大一点的车型怎么样？您的驾龄那么长,买个手动挡的就好了,还省油。推荐您选择手动舒适中级车。

客户:你帮我推荐几款车吧。

销售顾问:比如说伊兰特1.6标准型的。他对路面震动的隔离效果相当好,即时您周末开车带家人去旅游,跑一些比较难走的地方也不会感到路面颠簸而难以操控。

销售顾问:或者说马自达阿特兹时尚版,启动发动机的急速很平稳,挂挡前行,在加速全程中进油顺畅,就连急踩加速踏板的瞬间,也不会有一顿一串的感觉,平顺性非常好。

客户:但是这里并没有卖阿特兹吧?

销售顾问:我是从您的角度出发来考虑的。

客户:你能够这么为我着想,说明你是可以让人信赖的,不用担心什么售后服务等问题。其实,我并没有什么品牌偏好,在你这里买车也是一样的。

(3)倾听。

学会成为一个擅于倾听的销售顾问,能更多地了解到顾客的需求,为成功赢得更多的机会。积极的倾听就是聆听者有责任地获得对说话者想要传达信息的完备和正确的理解。销售顾问要保持平常心,把顾客提到的信息总结回顾,记录在笔记本上。从以下方面做到积极的倾听。

①同顾客保持稳定的目光接触。

与顾客保持目光接触是表明你在认真听他说话的一个关键。目光的接触是种无声的语言,能获得他人好感的目光,应该是真诚而谦逊的,不卑不亢,既尊重他人也尊重自己。但在目光注视中要注意,目不转睛地凝视,会让对方感觉不自在,而游离不定的目光,又会让对方觉得你心不在焉。所以销售顾问要注视顾客面部的"三角区域"。

②要保持正确的倾听姿势。

倾听的姿势可以显示你对顾客说话及与其谈话的态度。正确的倾听姿势应该是身体稍向前倾并以诚恳、赞美的目光注视着顾客。

③要参与谈话。

倾听顾客说话,不只是被动地接受,还应主动地反馈。也就是说,在倾听的同时,销售顾问要对顾客的谈话做出呼应,与客户互动,引发共鸣。例如表示一些听懂、赞同的声音。如"哦""是这样啊""对的""我明白了"等等,销售顾问还可以适当重复对方的话,例如:"您……,""您的意思是……"。

④要注意听出顾客的"弦外之音"。

在实际的销售过程中,顾客的很多需求是隐性的,有的是顾客不想说的,有的是顾客自己都不清楚的。销售顾问在与顾客的沟通中应该时常询问自己以下几个问题:

顾客在说什么?顾客为什么这么说?

顾客的话我能相信吗?

在交谈中,顾客表达了什么的样需求?

在客户需求分析中,销售顾问在使用观察、提问、倾听时,可配合使用需求分析评估表,具体见表3-1。

需求分析评估表 表3-1

基本信息		顾客姓名:	兴趣爱好:	来访日期:
新车期望	意向车型	捷达/宝来/高尔夫/速腾/迈腾/CC……	使用者	本人/爱人/儿女/父母/公司公用/公司主管/其他
	主要用途	上下班代步/商务/营业用车/休闲/公司配车/其他	购车预算	行驶量程数
	新车要求	外形/安全/操控/舒适/实用/性价比/质量/售后服务/省油/配置/促销优惠/其他		
	必配装备	皮座椅/铝车轮/天窗/倒车雷达/GPS导航/氙气前照灯/DSG双离合/加热座椅/自动空调/DVD/安全气囊/驻车加热器/其他		

续上表

新车期望	乘客人数		家庭人数		
	购买方式	现金支付/按揭	预期首付		预期月付款
用车经历	品牌/车型		选择原因		
	不满意的地方		年限、里程		
备注					
总结分析					
外形/质量需求重点			安全需求重点		
动力性需求重点			舒适/实用需求重点		
推荐品牌车型					

2. 顾客需求分析的技巧

(1) 诱导顾客。

在汽车销售中,诱导策略就是对不同心理模式的顾客有针对性地采取不同的方式进行引导,让顾客开口说话,确定或引导顾客的真正需求进而促成购买,常用的诱导方式有赞美诱导法和优惠诱导法。

① 赞美诱导法。

在赞美顾客的时候,要恰当的选择赞美的内容。不同的客户喜欢被赞美的内容是不一样的,比如销售顾问接待的是一位女性顾客,销售顾问可以夸赞:"女士,您今天的穿着打扮真好看。"比如销售顾问接待的是携带小孩的家庭顾客,销售顾问可以夸赞:"您家的孩子真可爱。"

恰当的赞美会让人心情愉快,但是不恰当的赞美也会让人反感。在需求分析中使用赞美诱导法时,销售顾问需要注意适度,说赞美话时内心和表情都应该是真诚的,切忌肉麻、做作,虚假的赞美只会赶走顾客。

② 优惠诱导法。

当人发现自己的某项行为将会给自己带来利益时,这种好处将会成为其行为的推动力,顾客在购买商品时同样抱着这样的心理。如果购买某件商品而获得某项利益,那么他的购买欲望将会大大提高。这种诱惑包括赠品、折扣等。其中尤以价格优惠对顾客的吸引力最大,因为在通常情况下,顾客在购买商品时首先会考虑商品的价格。

所以,如果在顾客需求分析中,要打开顾客话匣子,销售顾问可以使用优惠诱导法,告知现在店里正在搞优惠,顾客看中的车目前正在特价等等,并强调特价带来的好处。

(2) 探询顾客需求。

探询是商谈过程中的方向灯,指引销售大步向前,探询可以使销售顾问达到理想的商谈局面;探询可以确认需求,帮助销售顾问锁定焦点。一个关键性的探询可以让销售工作水到渠成。许多销售顾问抱怨自己的探询非常困难:"顾客老是答非所问""顾客任我怎么说就是不理我"。出现这种情况,主要问题在于销售顾问的探询技巧不够。

汽车销售探询是有阶段性的。

①购买的动机和需求。

第一阶段探询也就是开始商谈阶段,这个阶段主要了解顾客的购买动机和需求等,可以从以下方面着手:

主动了解顾客的兴趣、爱好、休闲活动,包括爱好的体育运动、爱好的休闲方式、出游频率、有没有参加任何会员俱乐部、生活习惯或喜欢的话题等,了解其中1项即可。正面询问话术如:"张先生,平时自驾游多吗?我们有专门的车友俱乐部,还会不定期的举办活动。"

主动了解顾客的购车需求,包括心仪车型、主要用途、主要使用者、用车时间、购车预算,缺一不可,其中购车预算可根据实际情况通过正面询问或侧面探寻的方式获知。正面询问话术如:"李先生,请问您预算多少?"侧面探寻是指通过了解客户心仪的车型及配置版本、对比的竞品等侧面获知客户的预算。

销售小课堂:

某公司的销售顾问小马在一次大型汽车展览会上结识了做服装生意的李老板。李老板对越野型汽车很感兴趣。在经过一番简单的沟通后,小马把公司的产品手册交到了李老板的手中。过了几天,李老板没有给小马任何回复,小马试着打了几次电话联系,李老板都说自己工作很忙,周末还要和朋友到射击场去射击。

后来经过打听,小马知道李老板酷爱射击,于是查阅大量与射击有关的资料。一星期后,小马不仅对周边地区所有的射击场有了一定的了解,还掌握了一些射击的基本知识。再一次给李老板打电话时,小马对销售汽车的事情只字不提,只是告诉他自己无意中发现了一家设施齐全、环境优美的射击场,想请李老板周末出来玩。

小马如愿以偿地在射击场见到了李老板。小马对射击知识的了解让李老板对其刮目相看,大叹自己"找到了知音"。

在寻找客户感兴趣的话题时,销售顾问应特别注意一点:要想使客户对某个话题感兴趣,你最好对这种话题同样感兴趣。因为整个沟通过程中必须是互动的,否则就无法实现具体的销售目标。

②商品介绍。

第二阶段的探询是商品介绍阶段,这个阶段主要是介绍为什么这款车更适合顾客。

以沃尔沃品牌为例,在该阶段内,销售顾问应主动讲解沃尔沃车辆卖点。在讲解车辆时,销售顾问应强调沃尔沃产品的价值,如安全、环保、豪华等。

【参考话术】

环保:我们沃尔沃汽车在健康用料和净化国内空气质量远超竞争对手,比如我们拥有IAQS车内空气质量控制,可以有效地净化车内空气。

③处理异议和成交。

第三阶段是处理异议和成交,这个阶段处理顾客最在意的细节,为什么拒绝签约、还有什么异议。在成交的过程中,注意处理有关车身颜色、交车时间、付款方式、是否签约等问题。

3.2.4 任务实施

1. 延伸产品需求挖掘

除了车辆本身的需求探询之外,销售顾问还可以在精品、贷款、延保和置换四个方面进行需求挖掘,从而更好地提升公司的总体销售份额。

(1)精品。

汽车是现代生活的必需品。越来越多的人拥有了自己的私家车,汽车用品或者说汽车维护用品也就成了车辆消费必不可少的一部分。汽车用品起源于欧美发达国家,汽车用品按功能分类,可分为维护类、装饰类、清洁类等。

其中汽车内饰包含:地胶、坐垫、抱枕、头枕、冰垫等等。

(2)贷款。

车贷一般分三种:银行贷款、汽车金融公司贷款和信用卡。目前,车贷领域较为普遍的形式是汽车金融公司直接放贷,通用、丰田、大众、福特都有自己的汽车金融公司,消费者可以直接通过汽车经销商向汽车金融公司申请贷款,一般提供收入证明即可。

汽车保险　　汽车贷款　　二手车置换　　后市场产品

(3)延保。

延保是延长保修的简称。所谓延保,是指消费者所购买的产品(包括有形产品和保险、服务等无形产品),在制造商提供的保质期和服务范围之外,由延保提供商提供延长保修时间,或者延展产品服务范围,或者衍生服务的有偿服务。最好优先考虑原厂延保,原厂的备件质量、维修质量、维修周期都有很好的保障。

(4)置换。

置换就是俗称的以旧换新。不管什么品牌的,什么年限的车都可以去汽车经销公司,对车辆进行评估,评估出来的价格和新车的价格之间补差价,这样旧车就卖给公司,在公司选购新车,这就是置换。(置换分二种,一种是同品牌的车辆置换,一种是不同品牌的车辆置换)。根据我国的相关政策,在进行旧车置换新车时,车主可以享受一定的补贴。

2. 分配任务

每5人为一组,选出1名组长,组长对小组任务进行分工。组员按组长要求完成相关任务。任务示例见表3-2,具体任务要求如下:

(1)小组内成员进行角色扮演,1人扮演客户,1人扮演销售顾问。顾客李先生走进了汽车经销公司,销售顾问热情接待了他,现在销售顾问将运用相关技巧引导顾客进入需求分析环节,并完成顾客需求分析。(可以参照案例)

(2)销售顾问完成需求分析后,尝试着说出以下问题的答案。

客户现在是否在驾驶其他品牌的车辆?

客户是如何了解我们的汽车品牌?

客户对本公司的车了解多少？了解什么？什么渠道了解的？
客户对其他公司的车了解多少？
客户周围的朋友是否有驾驶本公司车辆的？
客户是否知道本公司车辆的长久价值？
客户是否清楚汽车质量问题可能导致的严重后果？
客户是否知道售后服务对汽车产品的意义是什么？
客户中谁在采购决策中具有影响力，是多少？
采购决策的人数是多少？
客户的个人成就如何？
客户过去的哪些经历是他们最得意和自豪的？

需求分析表　　　　　　　　　　　　　　　　　　　　　　表3-2

序号	问题	备选答案
1	您得知我店的方式	网络、广播、路过、户外广告、短信、室内广告、朋友介绍、其他
2	您目前感兴趣的车辆及装备	
3	车辆主要用途及使用人	私人/商务/城市道路/高速
4	您个人的驾驶风格	动感/稳健
5	您对新车的关注点	品牌/外观/空间/舒适/技术/动力/操控/售后服务/价格/其他
6	您目前使用的车辆及配置	奔驰/宝马/奥迪/福特/丰田/本田/大众/其他
7	您每年的大概行驶里程	6000km/10000km/15000km/20000km/其他
8	您是否想置换您的现有车辆	是/否
9	您对比的车型	宝马/奥迪/保时捷/凯迪拉克/雷克萨斯/林肯/其他
10	您个人的兴趣爱好	旅游/音乐/健身/网络/阅读/奢侈品/休闲娱乐/高尔夫/网球
11	您从事的行业类别	房产建筑/IT/医疗美容/公务员/贸易/广告/酒店/农业矿产/其他
12	您所居住的区域	越城/柯桥/上虞/嵊州/新昌/诸暨
13	您是否去过同城奔驰店	绍兴越星/绍兴之星/浙江宝利德/嵊州宝利德
14	您期望的交车时间及购车方式	
15	计划购车的时间及购车方式	
16	您及家人、朋友是否通过奔驰金融贷款购买过梅赛德斯奔驰车辆？（是/否符合款待常享）	

【话术举例】

引导顾客主动说出自己的需求

销售顾问:"先生您好,您是第一次来我们店里吧?"(了解来店频率)

顾客:"是的。"

销售顾问:"看您的样子是想给自己买车吧?"(了解给谁买车)

顾客:"是的,最近刚拿到驾照,过来看看。"

销售顾问:"那您想看看什么车型呢?有没有自己比较喜欢的车型或是品牌?"(了解客户对车型、品牌的喜好)

顾客:"我也看中了好几款车型,不过主要是对车不太了解。想先来了解一下再决定。"

销售顾问:"那您买车的主要是做什么用途?是上下班代步工具。还是工作时候呢?或是主要是为了周末出去自驾游?"(了解客户的用途)

顾客:"主要还是上下班代步吧。偶尔周末也可以出去玩一玩。"

销售顾问:"那您最好选××款,您每天大概要行驶多少里程?"

顾客:"××千米吧,我没仔细算过。"

销售顾问:"这样啊。那也不少啊,那您最好买一辆油耗低的车。现在油价那么高。好多客人都是买的汽车开不起车啊。您看看这款车怎么样?这款车……"(具体介绍车辆符合客人的要求要点,并简单介绍其他参数)

3. 检测评价

销售顾问进行需求分析时成绩评定见表3-3。

需求分析评定表　　　　　　　　　　　　　　　　　　　　表3-3

		任务标准	完成情况		不能做到
			能够做到	有待改进	
任务要点与操作	客户需求分析技巧	1. 销售顾问是否主动询问您的需求			
		2. 销售顾问是否询问您的购车信息,例如目标车型、购车日期等			
		3. 销售顾问是否倾听您的意见,引导您谈论对车辆的感受			
		4. 销售人员专注只和您一个人交谈			
		5. 在整个过程中销售人员保持面部微笑,让您感到舒适亲切,并适当笔记			
		6. 销售顾问是否提供了符合您需求的购车建议			
		7. 销售顾问是否能正确、全面地回答您提出的问题			
		8. 销售顾问是否提供资料信息帮助您作出购买决定			
	需求分析内容	5W:Who:购买者、决策者、影响者;When:购买的时间;Where 开车路况;Why:主要需求,用途;What:对比车型,感兴趣的配置			
		2H:How:购买方式;How much:购车预算			

练习与思考

一、填空题

1. 通常情况下,销售顾问常用的提问方法有_____、_____、_____。
2. 从客户的表现来看,可以将客户的购车动机归纳为两大类_____、_____。
3. 确定或引导顾客的真正需求进而促成购买的诱导技巧有_____、_____。
4. 一般情况下,客户的性格特征有_____、_____、_____、_____。
5. 销售顾问在与客户沟通时,可适当运用_____技巧,获得客户好感。

二、选择题(职业与素养)

1. 职业意识是指人们对职业岗位的评价、(　　)和态度等心理成分的总和,其核心是爱岗敬业精神,在本职岗位上能够踏踏实实地做好工作。
    A. 接受　　　　B. 态度　　　　C. 情感　　　　D. 许可
2. 平等就业是指在劳动就业中实行男女平等、民族平等、(　　)的原则。
    A. 民族平等　　B. 单位平等　　C. 权利平等　　D. 薪资平等
3. 依法治国与以德治国的关系是(　　)。
    A. 有先有后的关系　　　　　　B. 有轻有重的关系
    C. 互相替代的关系　　　　　　D. 相辅相成、相互促进的关系
4. 《公民道德建设实施纲要》提出"在全社会大力倡导(　　)的基本道德规范"。
    A. 遵纪守法、诚实守信、团结友善、勤俭自强、敬业奉献
    B. 爱国守法、诚实守信、团结友善、勤俭自强、敬业奉献
    C. 遵纪守法、明礼诚信、团结友善、勤俭自强、敬业奉献
    D. 爱国守法、明礼诚信、团结友善、勤俭自强、敬业奉献
5. 关于自由选择职业,你认为正确的是(　　)。
    A. 自由选择职业与"干一行、爱一行、专一行"相矛盾
    B. 倡导自由选择职业,容易激化社会矛盾
    C. 自由选择职业与现实生活不适应,做不到
    D. 人人有选择职业的自由,但并不是人人都找到自己喜欢的职业

三、简答题

情境:本月你们公司领导明确需要卖出100辆迈腾车型,不然会扣绩效,你作为公司员工,为了避免工资被扣,商量与同事"画出"潜在迈腾车主画像。(即买主年龄、工作类型、薪资标准、个人服饰搭配等)

项目四

车辆的展示与介绍

项目描述

车辆的展示与介绍是汽车销售流程的核心环节,有效的产品介绍能获得顾客的信任感。销售顾问必须通过能满足顾客需求的产品说明,让顾客了解车辆的价值,以及为其生活和工作带来的便利。在车辆介绍过程中,力求能竖立品牌展厅和销售顾问服务的专业性形象,提升服务品质,建立品牌形象以及对展厅和销售顾问的良好口碑。

4.1.1 任务引入

部分汽车经销公司在进行车辆展示的时候,不太注意展厅及车辆布置问题,往往是把一台车清洁一下,然后放在展厅里就完事了。殊不知展厅环境及车辆的摆放是到店顾客第一眼见到的景象,如若展厅没有按照规范布置,则影响顾客的购买心情。本任务主要学习如何规范布置展厅及展车。

4.1.2 任务目标

1. 职业目标
(1)熟悉展厅布置规范。
(2)熟悉车辆展示的标准。
2. 素质目标
(1)培养"6S"管理意识。
(2)培养文明销售的良好习惯。

汽车销售顾问
知识准备

4.1.3 相关知识

1. 展厅布置规范

展厅的布置与管理应遵循"6S"原则，"6S"由 6 个词汇组成，因日文罗马标注发音的英文单词都以"S"开头，所以简称"6S"，即整理（Seiri）、整顿（Seiton）、清扫（Seiso）、清洁（Seiketsu）、素养（Shitsuke）、安全（Security）。具体示例如图 4-1、图 4-2 所示。

图 4-1　汽车经销公司展厅布置局部　　　　图 4-2　汽车精品区

（1）整理：将展厅内的所有物品分为有必要和没必要的，最终摆放在展厅的为有必要的。

（2）整顿：把展厅内的必要物品按规定位置摆放，如车辆展示牌、接待桌椅等。

（3）清扫：保持展厅和展车的干净、整洁。

（4）清洁：制定展厅、展车清扫制度，将整理、整顿、清扫进行到底。

（5）素养：每位销售顾问养成良好的职业习惯，并按规章制度办事。

（6）安全：重视销售顾问的安全教育，引导销售顾问在销售活动中时刻注意乘客安全。

2. 展厅布置要点

展厅在布置过程中除了遵循"6S"原则之外，还需要遵循以下要点。

（1）展厅布置要方便顾客的参观与操作，销售顾问应要把这个作为前提来执行。

（2）展车布置要注意车辆的颜色搭配，展示区域的车辆不能只有一种颜色，应该几种颜色搭配利于客户挑选。具体示例如图 4-3 所示。

图 4-3　奔驰 4S 店展厅布置

(3)展厅展车布置时应注意车辆型号的搭配,同一个品牌的车,通常拥有不同的系列车型,如两厢和三厢车,是否有天窗等区别,不同型号的车都应搭配展示。

(4)展厅布置展车时应有一辆重点推荐的车型。需要重点展示的车辆必须要突出它的地位,比如放在显眼的地位、设置专柜、通过灯光聚焦来凸显。

4.1.4 任务实施

1. 展厅车辆标准

(1)展车应没有水痕。

通常情况下,公司会在车辆摆入展厅前用水冲洗,然后用专用的抹布把车擦干,但诸如车门夹缝里或其他地方会有一些水珠隐藏,这些瑕疵要极力避免。

(2)展车应没有灰尘。

顾客在欣赏车辆的时候,观察得比较仔细,有时候会打开前面发动机舱盖,销售顾问应仔细清洗车辆,凡是视线范围内的位置都不能有灰尘。

(3)展车应没有指纹。

车辆油漆的光洁度非常高,大部分车门把手上面是镀铬装饰,顾客手触摸到门把手或车身,会留下指纹。销售顾问在展厅销售时,随时要保持展车的洁净。

(4)展车应能正常使用。

展车因较长时间的摆放在展厅内,蓄电池时间长会存在缺电的情况,销售顾问应每天及时进行蓄电池充电,保证顾客进入展厅参观时,展车各项电气设备能正常使用。

展厅车辆标准示例如图4-4所示。

图4-4 奔驰4S店展车布置标准

2. 展车布置细节

展厅应该通过展车的细节布置让顾客感受到宾客至上。

(1)轮毂上的品牌logo。

部分车型的轮毂上会装饰品牌logo。展厅布置展车时,轮毂上的品牌logo应该与地面呈水平状态。

(2)车内座椅的距离。

车内座椅在顾客入座前应调至适当距离,方便客户进出,为了体现展厅管理细节,前排两个座位从侧面看必须是平齐的。

（3）后视镜。

顾客进入车辆驾驶座后通常会根据自己视线调节后视镜,销售顾问在一天的销售活动结束后,应将后视镜恢复,方便第二天到店的客户使用。

（4）转向盘。

展车的转向盘最好调到最高位置,如果转向盘太低,顾客坐进去后会感觉局促,从而会认为这辆车的空间太小。

（5）音响音量。

很多年轻顾客在购车时比较注重视听感受,进入驾驶室后通常会听一听音响效果,应将音响音量调至舒适的范围内。

（6）脚垫。

一般展车内都会放置脚垫,是防止顾客脚下的灰尘弄脏展车。销售顾问在每天下班后要注意脚垫脏乱程度,发现脏乱后需要及时地更换。

（7）行李舱。

展车的行李舱打开以后不应有太多物品,放置时要合理安排物品位置,同时注意各项物品要端正摆放,警示牌应放在行李舱的正中间。

任务 4.2　车辆性能介绍要点

4.2.1　任务引入

车辆的展示与介绍是汽车销售的关键环节。调研结果显示,顾客在销售顾问进行车辆展示过程中做出购买决策的占最终购买的 70% 以上。车辆展示过程中,顾客最想了解的是车辆的各项性能是否符合自己的实际需求,因此,销售顾问应熟知各项性能参数,并根据客户需求进行汽车卖点介绍。本任务主要学习车辆性能要点归纳介绍。

4.2.2　任务目标

1. 职业目标
（1）掌握汽车产品卖点归纳。
（2）熟悉车型配置及各项参数。
2. 素质目标
（1）培养诚信意识,不能在介绍过程中夸大其词。
（2）培养文明销售的良好习惯。

产品介绍之
卖点归纳

4.2.3　相关知识

1. 车型参数配置表准备

要想归纳出完美的汽车卖点,就需要熟练掌握车型参数配置表,示例如图 4-5 所示。汽车车型参数配置表是汽车厂商为了便于汽车销售而提供的一张全面反映车辆配置及性能参数的表格。车型参数配置表呈现的汽车配置及参数大致分为基本参数、安全配置、操控配置、外部配置、内部配置、灯光配置等。

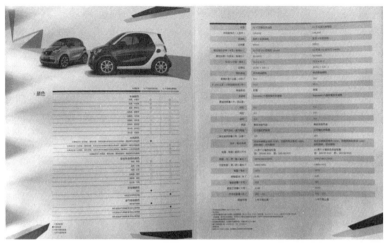

图4-5 奔驰Smart车型参数配置表

2.汽车性能介绍准备

除了熟悉车型参数配置表以外,销售顾问必须掌握一定的汽车性能参数及专业术语,才能在卖点归纳时说出相应的车辆配置所体现的性能特点,进一步打动客户,提高成交率。汽车的主要性能包括动力性能、经济性能、制动性能、操作稳定性能、行驶平顺性能、通过性能。

(1)动力性能。

汽车的动力性能是汽车各种性能中最基本、最重要的一种性能。汽车是一种高效率的运输工具,其运输效率的高低在很大程度上取决于汽车的动力性。汽车动力性的评价指标有最高车速、加速性能以及爬坡度。消费者中,年轻的购车人群比较关注车辆的动力性,销售顾问在车辆介绍过程中可以重点介绍车辆的动力性。

(2)经济性能。

汽车的经济性能指标主要由百公里油耗来表示。在城市交通早晚高峰越来越拥堵的情况下,购车人群将汽车的经济性能作为购车时前三个考虑的因素,销售顾问在车辆介绍的过程中应让顾客明白理论耗油量和实际耗油量的区别。

(3)制动性能。

汽车制动性能是指汽车在行驶中能强制的减速以至停车,或在下坡时保持一定速度行驶的能力。汽车的制动性能主要由制动效能、制动效能的恒定性和制动时的方向稳定性来评价。制动性能的好坏决定了车辆的行驶安全,因此顾客在购车中会较多的关注,销售顾问因根据顾客需求展示更多的车辆安全配置。

(4)操纵稳定性能。

汽车操纵稳定性能,是指在驾驶人不感觉过分紧张、疲劳的条件下,汽车能按照驾驶人通过转向系统及转向车轮给定的方向(直线或转弯)行驶;且当受到外界干扰(道路不平、侧风、货物或乘客偏载)时,汽车能抵抗干扰而保持稳定行驶的性能。女性消费者在购车时除了比较注重车辆外观、经济性以外,车辆是否方便操控也是他们考虑的重要因素,销售顾问应在试乘试驾环节让女性顾客较好的体验车辆的操控性能。

(5)行驶平顺性能。

汽车行驶平顺性能是指汽车在行驶过程中乘员所处的振动环境下具有一定舒适度的性能。由于主要根据乘坐者的舒适程度来评价,因此又称"乘坐舒适性"。销售顾问可以在试乘试驾环节让顾客更多的体验车辆的舒适性。

(6)通过性能。

汽车的通过性能是指在一定车载质量下,汽车能以足够高的平均车速通过各种坏路及无路地带和克服各种障碍的能力。具有冒险精神、喜欢SUV车型的消费者们更多的会关注车辆的通过性能,销售顾问可以针对这些顾客进行详细介绍。

4.2.4 任务实施

1. 产品卖点归纳

汽车的产品卖点是指由相关人员完成的关于汽车产品优势的总结、概括及赋予价值,目的是让汽车产品在销售中取得一定的竞争优势。

(1)汽车产品卖点归纳须符合顾客需求。

汽车卖点不是企业或者销售顾问单方面归纳总结出来的,卖点必须符合目标消费者的实际需求。汽车市场的激烈竞争让顾客有了广泛的选择范围和选择权利,在同等价位上,往往会有数十种车型供客户选择。因此,销售顾问要想让自己的产品脱颖而出,完全吸引住顾客,就必须紧扣顾客的需求,强调出产品或者服务的独特卖点,让顾客感受到这款车是最独特、最适合自己的,这样,销售顾问才有达成交易的希望。

(2)汽车产品卖点归纳方向。

汽车是一种非常复杂的产品,所包含的产品信息非常多,销售顾问不仅难于记忆,在向顾客介绍时也往往不知从何下手。因此,在记忆产品卖点和介绍汽车产品前,销售顾问应有针对性地对产品卖点进行归纳。可以从六个方面进行归纳,分别是造型与外观、动力与操控、舒适与实用性、安全性、智能化与先进科技以及性价比。

2. 常见的产品卖点

根据车型配置参数表及车辆性能总结,通常情况下一款车的卖点主要集中在以下几个方面:造型与外观、动力与操控、舒适与实用、便利与安全、智能化与先进科技。销售顾问可根据上述内容完成汽车卖点归纳表,具体内容见表4-1。

汽车卖点归纳表(以大众迈腾为例)　　　　表4-1

归纳方向	车辆配置	卖点归纳
造型与外观	车身造型	采用了很多豪华设计元素,被称为"小辉腾"
	前照灯	AFS智能前照灯
	车辆前脸	高品质的镀铬装饰和硬朗的发动机舱盖线条
	后组合灯	M型LED后组合灯
动力与操控	发动机	TSI发动机,动力强、油耗低
	变速器	TSI + DSG 黄金动力组合
	操作性	智能驾驶辅助系统

项目四 车辆的展示与介绍

续上表

归纳方向	车辆配置	卖点归纳
舒适与实用	内部空间	迎宾踏板
	音响娱乐	丹拿音响、220V商务电源、车载影院
	空调系统	双驱独立空调
	座椅	双硬度设计座椅、真皮包裹、位置记忆功能、座椅加热
便利与安全	安全气囊	全车8个安全气囊
	辅助操作	倒车影像、EPS、Auto Hold
	碰撞测试	欧洲N-CAP5星级安全标准
智能化与先进科技	自适应巡航	高速行驶使用便捷
	智能泊车	15s辅助自动泊车

任务4.3 车辆展示的方法

4.3.1 任务引入

在实际销售过程中,部分销售顾问在掌握了车型配置参数后,在展示环节中往往是一味地背诵数据,从而导致了顾客的厌烦。为了得到顾客的认可,销售顾问在为顾客介绍车辆之前一定要掌握车辆介绍的要点和技巧。本任务主要学习按照车辆介绍的流程和要点进行介绍。

4.3.2 任务目标

1.职业目标
(1)掌握车辆介绍的方法。
(2)能够根据顾客的需求进行准确的车辆介绍。
2.素质目标
(1)培养诚信意识,不能在介绍过程中夸大其词。
(2)培养文明销售的良好习惯。

六方位绕车介绍

4.3.3 相关知识

销售顾问在向顾客介绍车辆的过程中,经常遇到顾客离开的情形,如何才能让顾客停留在介绍车辆上的目光更久一些呢?销售顾问应熟悉在车辆的不同位置阐述相关汽车配置给顾客带来的利益,即展示介绍车辆的亮点和领先技术。在众多车辆介绍方法中,被销售顾问应用最多的是"六方位绕车介绍法"。

"六方位绕车介绍法"是指销售顾问在向顾客介绍汽车的过程中,销售顾问围绕汽车的车前方、车侧方、车后方、车后座、驾驶室、发动机舱六个方位展示车辆。在实际销售活动中,销售顾问使用六方位绕车介绍法前应掌握以下内容。

1. 掌握全面的产品知识

销售顾问除了需要掌握车辆性能介绍要点之外,还需要掌握以下两项内容。第一,销售车辆的服务项目、保证条款、价格策略、优惠政策等;第二,为了做到"知己知彼",销售顾问还应掌握相应竞争品牌车型的相关知识,这样才能在销售展示过程中很好的解决客户的购买疑虑。

2. 充分挖掘顾客真实需求

销售顾问在向顾客进行车辆介绍前,通常会有简单的需求分析,但这一点远远不够,顾客的更多隐性需求通常都是在接触车辆的过程中体现出来的,因此销售顾问在车辆介绍过程中应更充分的挖掘顾客的真实需求。

3. 针对顾客需求决定介绍程度

销售顾问应该从顾客的专业熟悉程度和交际类型来把握车辆介绍的程度,而不是一味地向顾客灌输产品知识,这样做反而有可能事倍功半。一般情况下,顾客的消费素质由知识、经验、技能组成。知识是指顾客对车辆了解多少;经验是指顾客关于汽车的驾驶经验程度,如驾龄、驾驶里程等;技能就是顾客驾驶的熟练程度,比如高速路上的超车技能,遇到紧急情况下的刹车技能等。销售顾问应在分析顾客消费素质的基础上,做出符合顾客需求的有针对性的介绍,只有这样顾客才会耐心的聆听下去,进一步认可销售顾问的车辆展示及介绍。

> **销售小课堂:**
> 销售顾问小刘每次与客户洽谈业务时,都滔滔不绝地说个不停,完全不给客户说话的机会。并且一旦客户说出与他相悖的意见时,他就会立即打断客户的话,摆出种种"证据"试图说服顾客。因此,他的销售业绩一直都很差。
> 小刘的做法不对,虽然销售过程中销售顾问应占主导,但倾听依然很重要,认真倾听的态度是销售顾问走向成功的第一步,没有一个客户会喜欢自作聪明的销售人员。

4.3.4 任务实施

1. 六方位绕车介绍的基本原则

销售顾问在使用六方位绕车介绍法向顾客展示车辆时,应注意以下基本原则。

(1) 由远及近:顾客对车辆的第一印象往往是外观,销售顾问在开始展示车辆时,应带领顾客在车辆较远处领略车辆的整体感受,加深顾客对介绍车辆的认知。

(2) 由外到内:顾客在展厅内开始欣赏车辆时,通常关注的是车辆外部,比如侧面的线条、轮胎大小、行李舱容积等。随着销售顾问介绍的深入,顾客更关注的是驾驶室的相关配置、车辆后排的乘坐空间等。因此销售顾问应根据顾客需求,由外到内进行介绍。

(3) 由整体感觉到具体细节:虽然说顾客对车辆的"眼缘"很重要,但最终让顾客决定购买车辆的原因在于车辆相关配置。销售顾问在六方位介绍过程中,应先让客户体验车辆的整体感觉,再细化到相关配置去讲解,这样做有助于顾客对车辆的认可。

2. 六方位绕车介绍的具体方法

销售顾问在向顾客进行六方位绕车介绍时,一般按照一定的顺序介绍,具体如图4-6所示。

项目四　车辆的展示与介绍

汽车品牌认知

图 4-6　六方位绕车介绍顺序

（1）第一方位：车辆前方。

车辆前方是最佳展示角度，如图 4-7 所示，销售顾问可以在这个方位向顾客介绍产品概述。销售顾问可以先突出整体定位和外形设计，然后从品牌特性入手，遵循设计、功能、安全的讲述逻辑。

图 4-7　车辆前方

销售顾问在介绍车辆前方时，可以重点介绍以下内容：车辆的整体定位、车身造型特点、品牌特征、车标和散热格栅、前照灯特性、前风窗玻璃、刮水器设备、保险杠设计、空气动力学设计等。介绍时，销售顾问应站在车辆的左前方 45°位置，距离顾客 30cm 左右，并用左手引导顾客参观车辆。

【车辆前方局部介绍话术举例】

王先生，呈现在您面前的就是我们全新一代大众迈腾。全新一代大众迈腾前脸采用大众旗舰车型辉腾的设计元素。凌厉的矩形前照灯与宽幅式雾灯让迈腾看上去更加大气端正且不失时尚。该车型前照灯带有 AFS 智能感应随动双氙气灯。为什么说它智能呢？当您在白天驾驶过程中，遇上阴天下雨或进出隧道的时候，前照灯会根据光线的强弱自动开启关闭；当您夜晚驾驶的时候，前照灯会根据您转向盘转动的角度自动改变它的照射角度，是不是既贴心又安全呢！

（2）第二方位：车辆侧方。

车辆侧方是向顾客介绍车辆线条及轮胎等配置的有利位置。第二方位应遵循由前到后、由上到下的顺序,销售顾问应先突出外形设计特点及流线造型,然后讲述豪华特性及安全特性。

销售顾问在介绍车辆侧方时,可以重点介绍以下内容:侧面造型、车身长度、车身技术特点、侧面的安全性、漆面特性、悬架特性、轮胎气压监测等。销售顾问应面向顾客,左手引导顾客走到车的侧面,总揽整车侧方进行介绍,如图4-8所示。

图4-8 销售顾问引导介绍

【车辆侧方局部介绍话术举例】

硬朗的发动机舱盖线条与保险杠线条与之呼应的就是迈腾侧面的高轮拱与高腰线,王先生,请随小刘来感受一下侧面线条。侧面的线条整体十分硬朗,有力量感。大众迈腾在A柱、B柱、C柱等重要部位都是采用的热成型钢材,十分坚固,另外迈腾的车顶采用了43m超长激光焊接技术,使整车车身固若金汤,当车发生严重碰撞的时候,能最大程度地保证车上人员的安全。

迈腾前后轮轴距是十分长的,前轮采用的麦弗逊式独立悬架,您知道前轮是个转向轮,麦弗逊悬架的好处呢就是给您带来一个更精准的转向操作,后轮采用的是多连杆式独立悬架,多连杆悬架是整个汽车界目前为止舒适度能达到最佳的悬架,像奔驰,甚至是劳斯莱斯都是采用多连杆悬架,所以说迈腾的舒适度是非常不错的。

(3)第三方位:车辆后方。

车辆后方的行李舱容积是顾客在购车时考虑的一个重要因素,销售顾问应紧抓客户需求,全方位的介绍车辆后方。第三方位应遵循先外后内、由上到下,先设计后功能的原则。

销售顾问在介绍车辆后方时,可以重点介绍以下内容:车辆的尾部造型、后组合灯特性、行李舱门开启的方便性(见图4-9)、行李舱容积大小、备胎及工具等。

图4-9 感应式开启行李舱

【车辆后方局部介绍话术举例】

迈腾不仅拥有宽敞的内部空间,还有超大的行李舱空间,王先生不妨随我去看看我们大众迈腾的行李舱空间吧。

迈腾尾部是采取辉腾的尾部设计元素,双 M 形的 LED 后组合灯十分醒目,您夜晚驾车,别人一眼就看出来了这就是大众迈腾。来到尾部,小刘不得不给您展示一下我们独特的行李舱开启方式——脚部感应开启。现在钥匙在我身上,只要腿一扫,行李舱就会自动开启。您想一下,当您购物完毕,左手右手都拎着购物袋,打开行李舱要去摸钥匙是不是非常的不方便呢?为了避免这样的尴尬,您只要脚一扫就打开了,十分方便,解放了您的双手。

打开迈腾的行李舱,可以看见我们行李舱容积是十分大的,565L,也是同级别车型中最大的。平常无论您是有 3 个行李箱还是 4 个行李箱,放进去都是绰绰有余。如果您还是觉得不够用的话,我们后排座椅也是支持按比例放倒的,和大多 SUV 一样,可以灵活运用,是不是满足了您对行李舱空间大这样的一个需求呢!

(4)第四方位:车辆后排。

销售顾问在介绍车辆后排时,应主动邀请顾客坐入车内参观,同时积极鼓励顾客更多的体验车辆内部,激发顾客的购买欲望。

销售顾问在介绍车辆侧方时,可以重点介绍以下内容:车辆后排空间、后排乘客区舒适设施、安全特性、娱乐设施、辅助设备(见图 4-10)等。

图 4-10　商务桌板

【车辆后排局部介绍话术举例】

王先生,您觉得后排够宽敞吗?大众迈腾的轴距到达了 2812mm,您看您的膝部还有两拳之余,您的头部空间还有一拳之余,十分的宽敞,要知道一个宽敞的后排空间,会给一趟旅行带来舒适的好心情呢!前排座椅后部拥有商务桌板,搭配 220V 的商务电源,您在前面开车,您的家人可以在后排玩电脑、办公等等。

(5)第五方位:驾驶室。

驾驶室是向顾客介绍本车驾驶特性的有利位置,如图 4-11 所示,此时销售顾问应引导顾客了解驾驶的乐趣和车辆基本的操作方法,应主动邀请顾客进入驾驶室体验。第五方位应遵循由远及近的原则,先讲述舒适豪华特性,后讲驾驶操控、娱乐便捷、安全特性等。

销售顾问在介绍车辆驾驶室时,可以重点介绍以下内容:座椅的多方向调控、转向盘特性与调节、内饰、仪表特性、安全气囊、储物空间等。

图 4-11 车辆驾驶室

【车辆驾驶室局部介绍话术举例】

王先生,您觉得我们的前排乘坐还够舒适吗?迈腾的座椅是 12 向电动调节座椅,我为您调节一个适合您的位置。王先生,车内还有很多功能,不妨让我坐在副驾驶为您介绍吧!

大众迈腾不仅有大气端庄的外观,还有典雅奢华的内饰。王先生,您看这边,大面积软包覆,真桃木装饰仪表板的装饰条,以及这颗与辉腾同款的石英钟,正适合像王先生这样有内涵的成功男士。

大众迈腾前后排都带双区独立自动空调,您可以试想一下,您和家人出去旅行,在高速公路上,您的家人玩累了想睡觉,为了防止家人着凉,是不是要给您家人调节一个较高的温度呢?您开车是不是要个低一点温度的呢?双驱独立空调就符合了您和家人的全部需求。

(6)第六方位:发动机舱。

因发动机涉及的专业术语较多,销售顾问在向顾客介绍前,应先征得顾客的同意,车辆发动机舱如图 4-12 所示。

图 4-12 车辆发动机

销售顾问在介绍车辆发动机舱时,可以重点介绍以下内容:发动机舱布局、隔音与发动机的低噪特性、发动机悬挂避震设计、行人保护功能等。

【车辆发动机舱局部介绍话术举例】

王先生,打开发动机舱,您看大众迈腾发动机舱还是非常的整洁的,这就说明我们大众的工艺十分严谨,注重品质。这款车采用 2.0TSI 发动机与 7 档位双离合 DSG 变速箱,这套组合在业内被称为黄金搭档,EA888 发动机也是世界汽车十大发动机之一,像一汽的奥迪等车型就采用了 EA888 发动机。180P 高动力输出,给您更优越的驾驶感受。这套组合到底有多好,您试乘试驾一番便知,不妨我们去体验一番吧。

3.六方位绕车介绍注意的问题

一次成功的销售是为了让顾客高兴起来,满意而归。任何顾客都不希望在与销售顾问的接触过程中产生不愉快,但有时会由于销售顾问的无意行为让顾客动怒,从而不利于销售活动的顺利进行。为进一步提高服务质量和顾客满意度,让六方位绕车成为顾客购车的"定心丸",销售顾问在介绍过程中需要注意以下细节和问题。

(1)六方位绕车介绍的细节。

销售顾问应保持微笑,主动、热情地为顾客提供服务。

销售顾问应在介绍过程中使用规范的站姿、走姿、蹲姿和坐姿。

销售顾问在介绍时不忘使用"您看""您请""请问您"等文明礼貌用语。

销售顾问在介绍中如果开关车门,应举止文明,轻开轻闭。

销售顾问在介绍过程中,当顾客进入车辆时,应用手掌挡在车门框下。

销售顾问在介绍过程中应注意爱护车辆,预防车漆被顾客不慎刮伤的现象出现。

销售顾问在介绍过程中,应保持展车内外的清洁及车内饰物的整洁。

(2)六方位介绍时注意的问题。

销售顾问在介绍时不能涉及太多专业知识。从心理学角度来说,顾客在接受信息时,一次最多只能接受6个概念。因此,销售顾问不能为了体现车辆的卖点,而一味地向顾客介绍,这样反而引起顾客的反感,最终造成事倍功半。

销售顾问在介绍时不能指出顾客的错误。现今的很多顾客都是汽车爱好者,对车辆有所了解,且愿意在购车过程中分享这些知识。在向顾客介绍车辆时,顾客不小心说出错误内容时,销售顾问应含蓄的表达正确的内容,而不能直截了当的指出顾客错误,伤及顾客颜面。

销售顾问在介绍时不能恶意诽谤竞品车型。顾客在看车的过程中,难免会提及其他品牌的车型,此时,销售顾问不能为了将自身品牌的车辆销售出去,而恶意诽谤其他品牌的车型。"人无完人,车无完车",销售顾问应根据顾客需求,极力推荐本品牌的车辆的卖点,并说出与竞品车型对比后的优势。

任务4.4 车辆介绍的技巧

4.4.1 任务引入

在日常销售活动中,部分销量低的销售顾问会有这样的疑问:"当我们在向顾客做介绍时,感觉付出了很大的努力,可是顾客听了就是不为所动,不知道是什么原因?"使用六方位绕车介绍方法没有错,但需要注意配合使用介绍技巧。为了解决这个问题,汽车经销公司开发出了一种有效的方法——特征利益法,即常说的FAB法。本任务主要学习FAB法。

4.4.2 任务目标

1.职业目标

(1)掌握车辆介绍的技巧——FAB法。

(2)能够使用FAB话术进行车辆介绍。

产品介绍
实战分享

FAB法则

2.素质目标

(1)培养诚信意识,不能在介绍过程中夸大其词。

(2)培养文明销售的良好习惯。

4.4.3 相关知识

FAB是三个英文单词的缩写,分别为Feature、Advantage、Benefit,对应的中文意思即特征、优势、利益。

1.FAB法介绍

(1)F(feature)指特征或属性,一般指的是所介绍车辆的相关配置。如奔驰E级车型拥有高性能LED前照灯、智能照明系统、自适应远光灯辅助系统、自适应制动灯等,这些就是产品的特征。在销售活动中,当顾客咨询车辆卖点时,如果销售顾问因不熟悉车辆配置,顾左右而言他,那么顾客的看车兴趣会减少一大半。

(2)A(advantage)指优势,一般指的是车辆特征所带来的优势,有时候也引申为与竞品车型相比,本品牌车型的特征具有何种优势。以奔驰E级车型的智能照明系统为例,该配置具有以下优势:拥有5种照明模式(乡村道路模式、高速公路模式、功能增强的雾灯、主动照明系统、弯道灯功能)可根据行驶状态和道路情况灵活调整灯光分布。当销售顾问在车辆介绍过程中讲解出与竞品车型的优势时,有利于顾客做出购买决定。

(3)B(benefit)指利益或好处,一般指的是车辆拥有的配置及优势给顾客带来了什么好处或使用价值。以奔驰E级车型的智能照明系统为例,该配置能给顾客带来以下好处:不管驾驶人行驶在什么样的复杂的路况或在恶劣天气条件下都能选择合适的灯光照射方式,使驾驶人在夜晚行驶能获得最好的视野范围,减少视线盲区,能提早注意到前方的危险情况,是夜间行驶安全性的最好保障。也可以省去顾客来回切换灯光模式的麻烦。

近年来,部分品牌公司在FAB法的基础上提出了FABI法,其中的FAB与之前介绍的内容完全一致,而I(impact)代表的是冲击,即车辆的好处会给顾客带来什么冲击。使用FABI法的目的,是通过最后一个impact营造顾客使用车辆的一个环境或情节,让顾客具有真实的感受,从而对销售顾问的介绍产生认可。

2.FAB法使用原则

FAB法是将车辆从三个层次分别加以分析、记录,并整理成车辆销售的诉求点,向顾客进行解说,促进成交。但需要注意顾客本身所关心的利益点是什么,然后投其所好,使销售顾问讲解的优点与顾客所需的利益相吻合,这样才能发挥效果。切不可生搬硬套,不加以分析就全部采用。

为了较好的使用FAB法,需要注意以下原则:

(1)实事求是。实事求是基本原则。销售顾问在介绍车辆时,应该以事实为依据。夸大其词,攻击其他品牌以突出自己的品牌是不可取的。因为顾客一旦察觉到你说谎、故弄玄虚,出于对自己利益的保护,就会对交易活动产生戒心,反而会让你难以推动这笔生意。每一个顾客的需求都是不同的,任何一款车型都不可能满足所有人的需求。如果企图以谎言、夸张的方法去推荐车辆,反而会使那些真正想购买的顾客退却。

(2)清晰简洁。销售顾问在进行车辆介绍时可能会涉及许多专业术语,但是顾客的知识储备是参差不齐的,并不是每个顾客都能理解这些术语。因此销售顾问应注意在车辆介绍时尽量使用简单易懂的词语或形象的比喻代替。在讲解时需要逻辑清晰,语句通顺,让人一听就能明白。如果自身表达能力不强,可以事先多多练习。

(3)主次分明。销售顾问在介绍车辆时要注意主次分明。不要把关于车辆的所有信息都灌输给顾客,这样顾客根本无法了解到车辆的好处与优点,也就不会对车辆感兴趣了。销售顾问介绍车辆时重要的信息,比如车辆的优点、好处,可以详细的阐述;对于车辆的一些缺点、不利的信息可以有技巧地进行简单的陈述。

> **榜样的故事:**
> 乔·吉拉德在车辆销售过程中经常会遇到夫妻双方共同来买车但意见不合的情况。某日,在接待过程中,一对夫妻双方都不愿让步,这时乔·吉拉德抱着积极的工作态度和自信心对他们说:"A款车虽然价格便宜,使用成本低,但纯粹是家庭用车,不合适做生意,B款车虽然气派高档,但价格也较高,养车压力较大,两位不如选择C款车,C款车介于两者之间,既可家用又适合商务用,动力性和经济性都非常出色,我看挺适合你们的。"
> 夫妇两人听完他的话,都不约而同地说:"能不能带我们看看车啊!"。

4.4.4 任务实施

1.FAB法的具体应用

为了更好理解FAB法,以奔驰E级车的部分配置为例,展示FAB法。

(1)自适应制动灯。

F:奔驰E260车型配有自适应制动灯。

A:自适应制动灯可以在时速超过50km/h紧急制动的情况下自动爆闪制动灯,提醒后车注意追尾风险。时速超过70km/h制动至停车时,双闪会自动打开,防止二次事故发生。

B:该配置能够及时有效提醒后车驾驶员提前采取制动,避免追尾事故的发生,从而有效保护驾驶员和他人的人身安全。奔驰作为豪华车的标杆,为客户安全考虑得无微不至。

(2)Auto Hold功能。

F:奔驰E260车型配有Auto Hold功能。

A:该功能操作简单、实用、人性化设计、按需激活。当遇到红灯时车停稳后再深踩刹车踏板,HOLD指示灯亮起后,我们就可以松开踩刹车踏板了。绿灯的时候直接踩加速踏板就能走了。

B:在同级车里是最方便的,不需要手动解除Auto Hold功能,让您专心注意前方路况,提高行驶安全。当别人还在为早晚高峰堵车时长时间踩着制动踏板难受的时候,您却能够让您的右脚有时间休息。

(3)注意力辅助系统。

F:奔驰E260车型配有注意力辅助系统。

A:同级别车型中最早推出该配置,避免事故,提升驾驶安全性。注意力辅助系统通过七十多种监测指标,不间断监测驾驶员的驾驶状况,一旦发现驾驶员出现疲劳,系统将会自动进行声音和图像的提醒。在 E400L 豪华型运动轿车上,可以显示出五种级别的注意力集中程度。

B:车辆安全方面,奔驰一直走在汽车行业的前沿,为奔驰车主保驾护航。注意力辅助系统能够最大程度避免驾驶员因为长途驾驶或注意力不集中而引发的危险。

(4)预防性安全系统。

F:奔驰 E260 车型配有预防性安全系统。

A:奔驰拥有最完善的安全配置,预防性安全系统能在危险发生之前进行安全保护,预安全启动时,车辆会自动收紧安全带,调整座椅靠背,关闭天窗,同时在侧窗开启时会自动上升,并预留少量缝隙。

B:这样会大大提高行车的安全性,不仅使您在驾驶过程中更多一份保障,也让车上的家人或朋友在乘坐中增添一份安全。

(5)驻车定位系统。

F:奔驰 E260 车型配有驻车定位系统。

A:挪车时,驻车定位系统借助于传感器监测车辆前部和后部的区域,并在检测到碰撞风险时通过视觉或听觉信号警告驾驶员。

B:可避免停车过程中不必要的剐蹭,帮助驾驶者找到合适停车位置,并引导停车。

2. 分配任务

每 5 人为一组,选出 1 名组长,组长对小组任务进行分工。组员按组长要求完成相关任务。任务示例见表 4-2,具体任务要求如下:

(1)选择一款车型,总结出车辆的产品卖点。

(2)使用六方位绕车介绍法填写表格。

(3)在六方位介绍的基础上使用 FAB 法。

迈腾车型介绍重点　　　　　　　　　　　　　　　　　　　　　　表 4-2

方　位	特征(Feature)	优势(Advantage)	好处(Benefit)
左前方 (车型为大众迈腾)	前部造型	运用了大众品牌最新设计理念,动态平衡(Dynamic Balance)横拉式镀铬格栅使整车显得稳健,高光熏黑的宽大格栅与两个飞翼式熏黑前照灯融为一体	突出前脸的大众品牌家族设计风格和高档感,强调继承和创新的结合才是评价外观设计优秀与否的标准
	光线感应自动点亮双疝气前照灯	熏黑的灯腔配合硬朗的镀铬"双飞翼造型"前照灯,集成了自动点亮、前照灯清洗、照射高度自动调节、AFS 随动转向照明、LED 示廓行车灯、"离家"智能前照灯点亮"回家路"、前照灯延迟熄灭、双氙气照明,共八大功能	突出前照灯集成功能的多样性和先进性,结合客户日常行驶的道路情况来描述前照灯各项功能为客户带来的便利
	静态转角辅助照明	前雾灯集成静态转角辅助照明功能,夜间低速行驶时转向灯亮起一侧的雾灯会自动点亮	突出该功能在夜间低速转弯行驶时扩大内侧照明角度后可以为客户带来的安全利益,并强调主要竞品车型都无此配置

续上表

方位	特征(Feature)	优势(Advantage)	好处(Benefit)
左前方 (车型为大众迈腾)	全自动静音无骨雨刷及电加热雨刮喷嘴	雨天行驶时,隐藏于内后视镜支架上的雨量传感器可自动激活,并根据雨量大小调节刮水器的运动频率,加热刮水器喷嘴为同级别唯一配置	喷嘴具有加热功能,防止冬季结冰等

3. 检测评价

车辆的展示与介绍的成绩评定表见表4-3。

车辆展示与介绍考核评分表　　　　　表4-3

考核重点	考核标准	分值
汽车营销礼仪(10分)	着装整洁,仪表端庄,表情和蔼可亲,眼神自然真诚,指引手势规范,姿态自然大方	
语言表达及沟通技巧(10分)	口齿清晰、流畅;内容有条理、富逻辑性;用词准确、恰当;语音语调语气得当;适当赞美	
销售方案(20分)	针对顾客需求制定销售方案,提出意向车型(含排量、配置)	
商品知识(20分)	熟练讲解指定用车的功能,运用FAB法则对车辆性能进行描述	
应变能力(20分)	运用正确的方式和专业的知识处理顾客提出的问题,反应敏捷,能快速找到适当的应对措施	
顾客异议处理(20分)	运用正确的方式和专业的知识处理顾客异议	

二手车销售流程　　二手车质量认证检测实战

练习与思考

一、填空题

1. 在使用FAB法则时需要注意的几个原则包括_____、_____、_____。
2. 在使用六方位绕车介绍法进行车辆介绍时,需要从车辆的哪些方位进行介绍_____、_____、_____、_____、_____、_____。
3. 车辆介绍的技巧包括_____、_____、_____。
4. 汽车常见的性能包括_____、_____、_____。
5. 对汽车产品的卖点进行归纳,通常可以从以下六个方面开展,包括_____、_____、_____、_____、_____、_____。

二、选择题(职业与素养)

1. 尊师爱徒是传统师徒关系的准则,在现实条件下,正确的选择是( )。
   A. 徒弟尊重师傅,师傅不必尊重徒弟
   B. 徒弟尊重师傅,师傅也尊重徒弟
   C. 徒弟不必尊重师傅,师傅也不必尊重徒弟
   D. 用"哥们"关系取代师徒关系

2. 你对职业道德修养的理解是( )。
   A. 个人性格的修养
   B. 个人文化的修养
   C. 思想品德的修养
   D. 专业技能的提高

3. 社会主义道德建设的基本要求是( )。
   A. 心灵美、语言美、行为美、环境美
   B. 爱祖国、爱人民、爱劳动、爱科学、爱社会主义
   C. 仁、义、礼、智、信
   D. 树立正确的世界观、人生观、价值观

4. 职业道德是指( )。
   A. 人们在履行本职工作中所应遵守的行为规范和准则
   B. 人们在履行本职工作中所确立的奋斗目标
   C. 人们在履行本职工作中所确立的价值观
   D. 人们在履行本职工作中所遵守的规章制度

5. 关于创新正确的理解是( )。
   A. 创新与继承相对立
   B. 在继承与借鉴的基础上的创新
   C. 创新不需要引进外国的技术
   D. 创新就是要独立自主、自力更生

三、判断题

1. 汽车营销活动中,客户真正购买的是产品所带给他的利益。 ( )
2. 汽车营销活动中,展示车辆的转向盘、倒车镜、遮阳板上的塑料套应保护完好,以便显示车新。 ( )
3. 汽车销售人员向顾客首先推销的不是产品,而是你自己。 ( )
4. 人数较多的同一家庭客户来店时可由三个以上销售人员同时接待。 ( )
5. Benefit 是 FAB 法则中的特征。 ( )

项目五

试乘试驾

项目描述

汽车销售过程中的试乘试驾是顾客亲身体验并获取车辆实际使用感受的最好机会。在试乘试驾的服务和陪驾过程中,销售人员可以摸清顾客的需求及购买动机,并有针对性地介绍车辆,为促成顾客购买创造条件。试乘试驾是产品介绍的动态延伸,通过试驾提高顾客对产品的高度认同,增强顾客对品牌的信任,同时让顾客充分感受拥有车辆的场景体验,这是最终达成成交的关键一步。

在展厅为顾客进行车辆静态介绍时,往往会引起顾客在情感上的冲动,比如兴奋、怀疑等,都可以适时邀请顾客做试乘试驾体验,以增强顾客信心或消除客户疑虑。

任务 5.1 试乘试驾准备

5.1.1 任务引入

试乘一般是指顾客搭乘汽车销售人员驾驶的车辆,以体验车辆的舒适性为主的活动。试驾是具有驾驶执照的顾客亲自驾驶车辆,以体验车辆的动力性能、操控性等为主的活动。在试乘试驾前,销售顾问应该做好相关准备工作,给客户留下美好的第一印象。本任务主要学习试乘试驾准备。

5.1.2 任务目标

1. 职业目标

(1)了解汽车试乘试驾的意义和目标。

(2)掌握汽车试乘试驾的准备工作内容。

2. 素质目标

(1)培养"6S"管理意识。

车辆试乘试驾

(2)培养文明销售的良好习惯。

5.1.3 相关知识

1. 试乘试驾的意义

试乘试驾是指客户在选车过程中通过在4S店制定的专业试乘试驾场地或特定的公路上进行车辆的驾驶或乘坐,以此增进对车辆的了解。销售顾问在汽车销售过程中需要把握时机适时邀请顾客试乘试驾,以进行更加全面的产品展示,收集客户信息。如果顾客主动提出试乘试驾要求,说明顾客对该车辆有一定的兴趣,销售顾问应该热情的回应顾客,做好相关准备工作,妥善安排试乘试驾的时间、车辆、驾驶人员及陪同人员等准备工作。

顾客在购车环节中也非常看重的试车,它是顾客自己对看中的汽车做进一步的了解,是体验自己新生活的一个慎重选择,所以销售顾问要从思想上重视试乘试驾,为顾客提供一个舒适的试乘、试驾环境同时应对意向顾客主动建议试乘试驾。但通常对于驾驶技术不够熟练的顾客,建议只做试乘。

2. 试乘试驾的目的

(1)树立顾客的信心。

通过销售人员在试乘或驾车过程中的动态介绍,可以使顾客建立对感兴趣的车型的信心,激发顾客的购买欲望。如果仅仅凭借销售顾问的口头介绍和车辆的静态展示,很难让顾客有切身的体会,只有通过试乘试驾才能让顾客真正感受车辆的品质,才能真正建立起顾客对车辆的信心。试乘试驾能够充分调动顾客的触觉、听觉、感觉等机能,从而全面体验驾驶的感受,使其更加感性地认识车辆,并最终激发购买欲望。

(2)了解顾客需求。

试乘试驾的过程也是一个商品介绍的过程,销售顾问可以通过顾客对试乘试驾的感受和评价,了解顾客对车辆的认知度和对车辆最感兴趣的地方、不满意的地方、总体的评价等,从而在接下来的销售过程中有针对性地进行商品说明。另外,销售顾问也可以结合试乘试驾前顾客对车辆的了解,以及顾客关心的问题,有针对性地在试乘试驾过程中进行讲解,让顾客亲身体验,消除顾客的顾虑,增强购车信心,为促进销售做准备。

3. 试乘试驾的准备内容

首先销售顾问应该向有购买意愿的顾客发出试乘试驾邀请并有技巧的引导顾客同意试乘试驾。试乘试驾过程中需要做如下准备,见表5-1。

试乘试驾准备内容 表5-1

操作步骤	操作要求
第一步:试乘试驾邀请	1. 销售顾问对有购买意愿的顾客发出试乘试驾邀请; 2. 有技巧的引导顾客同意试乘试驾
第二步:准备资料	1. 试乘试驾路线图; 2. 试乘试驾协议书; 3. 试乘试驾意见调查表; 4. 试乘试驾收音机调频或音乐准备

续上表

操作步骤	操作要求
第三步:车辆检查	1. 保证车内外清洁,车内部安装专用地毯; 2. 检查油量; 3. 确保车辆性能:灯光、空调、音响以及起动正常
第四步:审核驾照	1. 请顾客出示本人合法有效驾驶证件; 2. 注意发证机关、有效期、准驾车型(C1及C1以上)、驾龄(一年或一年以上); 3. 留下相关有效证件,试车完毕后退回
第五步:签协议书	1. 请顾客在《试乘试驾协议书》上签名; 2. 提醒顾客写明驾驶证号、联系人、电话号码、时间; 3. 请顾客再次核对驾驶证号
第六步:路线图说明	1. 向顾客解释行驶路线、范围; 2. 向顾客说明试乘试驾安全注意事项
第七步:提醒顾客填写意见表	1. 提醒顾客在试乘试驾结束后回展厅填写《试乘试驾协议书》; 2. 告知有礼品相赠

(1)车辆准备。

①销售部门应在试乘试驾车车身的适当部位,一般是两侧前车门离玻璃下边缘20cm处,粘贴厂家指定的贴纸以便识别。

②试乘试驾车必须有专人负责管理(使用申请、钥匙及车辆陈列、清洁等)并及时协调服务站实施定期维护。

③试乘试驾车必须投保相关车险。

④试乘试驾车为顾客演示专用车辆,禁止挪作他用或者违反厂家相关规定的情况。

⑤试乘试驾车使用年限依有关厂家规范执行,但若有车辆发生过重大事故及车况存疑时,应避免使用或及时更新。

⑥试乘试驾车必须在展厅前醒目的停车区域划出专用的试乘试驾车停放车位,如图5-1所示。

图5-1 展厅试乘试驾停放区

⑦试乘试驾车的外观应加以美化。

⑧服务站为试乘试驾车维护单位,应依照使用说明书进行维护工作,以确保车辆品质。

⑨试乘试驾车使用需按规定由营销经理或管理工作人员核准后方可安排试乘试驾。

⑩根据客户个人特点和喜好及时调整好试乘试驾车辆的空调温度、音乐存储、座椅位置等。也可以将一些汽车精品和加装套件放置在车内,为后续精品销售打下基础。

(2)路线准备。

①应考虑选择有变化的道路,以便全面显示汽车商品的优势;如展现爬坡能力、直线加速性能、高速行驶稳定性及操控性、制动性能、悬架系统、车内的静音程度等,路线图如图5-2所示。

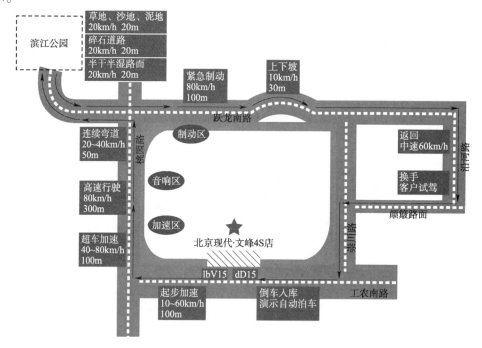

图 5-2　试乘试驾路线图

②销售人员必须熟悉所选道路,且所选的道路应能完成 15～20min 的试车,每个路段主要体验点见表5-2。

③所选的道路应避免建筑工地和交通拥挤的路段。

④对于可能会有突发情况的路段,应事先调查清楚。

⑤要保证在试车途中应有一地点可以安全地进行试乘试驾驾驶员变更工作。

每个路段主要体验点　　　　　　　　　　表5-2

	发动机声音
发动机起动	打开音响
	换挡平顺
直线加速	加速凌厉性
	百米加速时间

续上表

	噪声
高速行驶	音响
	车辆操控性
高速刹车	稳定性(提前告知)
过颠簸路	悬架的韧性
	座椅
通过弯道	转向
	底盘

(3)文件准备：驾照、试乘试驾建议书。

试乘试驾前，检查顾客的驾驶证并复印存档，机动车驾驶证如图 5-3 所示。如果是没有驾照或缺乏驾驶经验的顾客参加活动，只能安排他们试乘，由销售顾问驾驶而让顾客坐在车内进行感受。

图 5-3　机动车驾驶证

为保障双方利益，销售顾问主动要求参加试乘试驾的顾客签订《试乘试驾协议书》，如图 5-4 所示。销售顾问根据车辆和人员的多少依次进行安排。《试乘试驾协议书》是一份明确界定双方的权利和义务，以规避不应承担的经济、法律责任的协议书，《试乘试驾协议书》的具体内容由经销公司自行设计。

5.1.4　任务实施

1. 与顾客签订试乘试驾协议书

(1)为保障双方利益，销售顾问主动邀请顾客签写试乘试驾协议书，如图 5-5 所示。

(2)销售顾问需复印顾客驾照正本存档，并且确认客户驾龄是否满一年若不足 1 年，只能试乘(需要向试乘顾客说明原因，避免误会)。

2. 销售顾问确认现有车辆

(1)试乘试驾车是否有专门的试驾停车位。

(2)在展厅内设置"欢迎试乘试驾"的指示牌。

(3)主动向客户提供试乘试驾服务。

试乘试驾协议书

经销商：

试乘试驾车型选择	
提供何种服务	□ 试乘　　　　□ 试驾
试驾路线	详见背面
试乘试驾时间及里程	时间：＿＿时＿＿分 至 ＿＿时＿＿分；公里：＿＿＿＿km至＿＿＿＿km

本人于＿＿＿年＿＿月＿＿日参加试乘试驾活动，特此作如下陈述与声明：
为保证试驾活动的规范性和顺利进行，本人同意将身份证和驾驶证复印件作为法定身份证明。

A:对自驾同时作如下陈述与声明
　　1.本协议系本人真实自愿的意思表示，不存在欺诈、胁迫、趁人之危等情形；
　　2.本人声明本人至少具有一年以上汽车驾龄，同时拥有相等年限的实际驾驶经验，并有能力独自承担造成事故后的相应赔偿责任。为保证试驾活动的规范和顺利进行，本人同意将居民身份证和驾驶证作为法定身份证明并愿提供复印件作为本协议的附件，本人承诺本人所提供的信息/证件完全属实；
　　3.本人驾驶证所批准的准驾车型与试驾的车型是一致的，本人没有超越驾驶证所规定的准驾车型，否则因本人的行为所导致的一切责任本人自愿承担，给经销商造成损失的，本人自愿赔偿；
　　4.本人在试驾车辆过程中，愿服从经销商提出的要求与指示，以尽最大努力和善意保护试乘、试驾车辆的安全和完好，如造成试乘、试驾车辆损坏，本人自愿赔偿；
　　5.本人在试驾车辆过程中，因本人交通违法行为所导致的罚款、扣车等情形(包括但不限于闯红灯/单行线/禁区、违章停车)，本人自愿承担所引起的一切责任；
　　6.本人在试驾车辆过程中，发生单车交通事故，导致车辆/车内人员毁损、受伤或物品毁损的，车辆投保的保险无法赔偿的部分本人愿承担一切损失；
　　7.本人在试驾车辆过程中，发生非单车交通事故（包括但不限于与机动车、非机动车、行人的事故），导致本方车辆及车内人员或对方车辆及人员以及行人毁损、受伤或造成财产损失的，车辆投保的保险无法赔偿的部分本人愿意承担一切损失；
　　8.因本人的原因造成的车辆被罚款、扣押而产生的拖车费、停车费、违章费用、下一年度保险费增加的费用等均由本人承担；
　　9.在试驾车辆过程中，非因经销商的过错给经销商所造成的一切损失，包括但不限于律师费、调查费、鉴定费、交通费、诉讼费等均由本人承担。

B:对试乘同时作如下陈述与声明
　　1.本协议系本人真实自愿的意思表示，不存在欺诈、胁迫、趁人之危等情形；
　　2.为保证试驾活动的规范和顺利进行，本人同意将居民身份证作为法定身份证明并愿提供复印件作为本协议的附件，本人承诺本人所提供的信息/证件完全属实；
　　3.本人在试驾过程中，愿服从经销商提出的要求与指示，以尽最大努力和善意保护试乘、试驾车辆的安全和完好，如造成试乘、试驾车辆损坏，本人自愿赔偿；
　　4.本人系自愿乘坐试乘、试驾车辆，如发生交通事故或其他事故、事件造成本人人身、财产损害的，本人应向造成事故的责任人主张权利，经销商只在有过错的情况下方承担责任；
　　5.因本人的原因造成试乘、试驾车辆被罚款、扣押而产生的拖车费、停车费、违章费用、下一年度保险费增加的费用等均由本人承担；
　　6.因本人的原因给经销商造成的损失/费用，包括但不限于律师费、调查费、鉴定费、交通费、诉讼费等均由本人承担。
　　本协议自试乘、试驾人签字，经销商盖章之时生效。与本协议有关的一切争议，双方应协议解决；协商不成的，双方一致同意向经销商所在地人民法院起诉。

试驾人详细信息

客户（试乘试驾人）签名：

驾驶证号：

联系地址：

手机/固定电话：

日期：　　　　年　　　　　月　　　　　日

陪同销售顾问：

图 5-4　试乘试驾协议书

项目五 试乘试驾

图5-5 签署试乘试驾协议

3.销售顾问做安全保障检查

(1)尽量满足顾客对试乘试驾车型的要求,如不能满足客户要求,应征询顾客可否提供相关车型代替。

(2)提供的试乘试驾路线是否有2条或以上路线可供顾客选择。

(3)试乘试驾时间是否充足(至少15min或6km)。

(4)根据市场部提供的模板在车辆上张贴试乘试驾标识。

4.试乘试驾介绍

为了更好地让客户享受试乘试驾,在正式开始试乘试驾前,销售顾问应当详细的给客户进行试乘试驾介绍。

【话术举例】

"×先生,我先大概给您讲一下试乘试驾的流程,主要分为六个步骤:第一,填写试乘试驾协议书,第二,为了让您能够试驾的得心应手,给您简单地介绍一下车辆操作,第三,您先试乘,感受车辆的舒适性,顺便熟悉一下试驾线路,之后我们在专营店门口换您试驾。接下来就是您的试驾时间了。试驾结束后还需您回店里稍做休息,填写试乘试驾评估表。整个流程大约需要20min,您看这个时间合适吗?"

5.试乘试驾路线说明

在试乘试驾前向顾客说明试驾路线、全程大概交通状况及所需要的时间,并提醒顾客试乘试驾中的注意要点,严格遵守路线图指示。

【话术举例】

"好的,这是咱们的试驾协议和试驾路线,您把驾照给我,我来填写试乘试驾协议书,您先熟悉下试驾路线。OK,内容我填好了,协议主要也是让双方有个明确的约定,为了您的安全,请您试驾时一定要遵守交通法规,系好安全带,车速最好不超80km/h,不做危险动作,好吗?那您对此没有异议的话,请在这边签字。"

6.试乘试驾顾客期望点

在合适的时间获得试乘试驾服务,可以试乘试驾到所期望的车型,体验到符合实际需求的路况,有驾驶经验丰富的销售顾问陪同。

经销商的试乘试驾服务规范、热情,受到重视,而不是敷衍了事,整个试乘试驾的全过程时间长度合适。

试乘试驾前,销售顾问能够先讲解一下车辆的配置和基本操作,提前做好相应的准备。既要试乘也要试驾,试驾车干净、整洁,不能摆放私人物品。

任务5.2 试乘试驾流程

5.2.1 任务引入

试乘试驾使顾客的注意力集中于演示的汽车功能,集中于体会产品,防止注意力的转移和分散。意向顾客通过试乘试驾,强化了对购买欲望的刺激,从而实现销售。示范刺激作为一种视觉刺激,比其他知觉具有明显的印象效果。如在产品展示过程中,汽车销售顾问通过对某款汽车新功能的熟练演示,达到强化顾客记忆的作用。在本任务主要学习如何实施试乘试驾的流程,为顾客提供优质的服务体验,促进车辆成交达成。

5.2.2 任务目标

1. 职业目标
(1)能清楚地向顾客说明整个试乘试驾流程路线、时间及注意事项。
(2)能够结合试乘试驾路线讲解汽车使用性能。
(3)掌握试乘试驾中让顾客静态和动态感受车辆性能的方法。
(4)能处理试乘试驾过程中的突发问题。

2. 素质目标
(1)培养"6S"管理意识。
(2)培养文明销售的良好习惯。

4S店车辆
试乘试驾

5.2.3 相关知识

销售顾问根据顾客的需求及个性,及时提供试乘试驾,通过静态感受和动态驾驶可以让顾客对汽车的动力性、安全性、操控性和经济性等各种性能有明确的认识,真实了解和感受汽车的各项性能,增强顾客的购买信心,激发购买欲望,帮助顾客做出明确的购买决定。

1. 静态介绍流程
(1)邀请顾客欣赏车辆外观。
(2)邀请顾客入座副驾驶。
(3)试驾专员车进入驾驶室。
(4)对车内空间布局、操作按键位置等做静态介绍,如图5-6所示。

2. 静态介绍内容
请顾客入座副驾驶及后排,协助顾客完成座椅调节及系好安全带。进行车内空间和布局展示(静态介绍)如:座椅调节、转向盘调整、空间舒适度、仪表台布局、座椅舒适度、空调舒适度、音响效果等。需要提醒顾客一些安全注意事项:
(1)路线说明。试驾路线、主要体验项目、大致花费时间等。
(2)程序说明。顾客先试乘、再试驾,试乘试驾后需要顾客返回店内配合的工作,强调安全注意事项等。

（3）车辆说明。车辆配置、主要体验点（例：空间、舒适、静音等）。

图5-6　车内静态介绍

注意：在试驾过程中，销售顾问需要解释清楚试乘试驾车辆与顾客预计购买车型的差别，避免误会发生。

3．动态介绍流程

在动态活动的全过程，应特别注重以安全为第一原则。动态活动主要分为三个阶段：顾客试乘阶段、换乘时、顾客试驾阶段。动态活动中应再次向顾客介绍整个试乘试驾过程的路线、行程、时间、规定时速及体验点，针对驾驶技术不熟练的顾客，要做示范驾驶。

车辆主要性能体验路况：起步、加速、制动、匀速、转弯等，转弯体验如图5-7所示。

新车发布
试乘试驾

图5-7　转弯动态体验

4．动态介绍内容

试乘试驾过程是体验车辆动态性能的最佳时机。有些顾客可能情绪会很激动，无法客观的感受车辆行驶在特定路段上的乘坐感受了，顾客常常会在不知不觉中错过许多体验点，进而导致顾客不清楚如何体验该车辆的动态性能。因此，作为销售顾问，需要适时地提醒、帮助顾客，使其充分体验试乘试驾带来的感观体验。

（1）销售顾问将车开到预先指定地点。

①询问顾客试驾的重点项目，针对顾客需求结合车型特点重点试乘试驾；

②起步前，是否预热发动机并调整到合适的温度，与此同时为顾客讲解该车型的体验点和重点配置及相关操作。

（2）销售顾问示范车辆的操控。

①销售顾问应根据客户的需求进行车辆驾驶，并向客户解释如何操控；

②销售顾问在示范车辆操控时，应重点介绍车辆的亮点和卖点。

（3）销售顾问让顾客开完余程。

①在更换驾驶员时，将发动机熄火并拔出钥匙，然后从车头走到副驾驶位递交给顾客，让顾客亲自体验发动机启动的感觉，如图5-8所示；

图5-8　换乘点换乘

②在顾客试驾前，提醒并协助顾客调节好转向盘、内外后视镜、座椅高度、安全带；

③试乘试驾试驾时每过一个体验点，要寻求顾客认同，尤其是顾客的试乘试驾重点，具体试乘试驾体验点见表5-3；

④试乘试驾过程中，记录顾客对试乘试驾的反馈。

试乘试驾主要体验点（以一汽-大众迈腾为例）　　　表5-3

编号	项目名称	线路类型	线路长度	体验项目 首选	体验项目 拓展
1	试驾前车外静态展示	展厅院内	原地	智能钥匙、四门无钥匙进入功能、脚部感应开启、停车自动折叠外后视镜	智能前照灯、电动可折叠外后视镜、电动行李舱门
2	试驾前车内静态展示	展厅院内	原地	一键式启动、电子驻车制动器+自动驻车、主动信息显示屏、记忆座椅、全景天窗、MIB信息娱乐系统、抬头显示系统	内饰材质、内部空间、内饰氛围灯
3	原地起步加速	直线快速道路（0~60km/h）	100m	全新一代迈腾起步加速的动力性、异常舒适的加速体验	抬头显示系统
4	城市工况超车	直线快速道路（40~80km/h）	100m	全新一代迈腾超车加速性能和加速响应速度	无
5	高速行驶	直线快速道路（限速80km/h）	3000m	ACC自适应巡航、高速稳定性、车辆密封隔音性能、油耗	无
6	连续转弯	连续弯道（视路况限速30~50km/h）	50m	EPS、悬架抗侧倾能力、座椅的包裹性能	ESP

续上表

编号	项目名称	线路类型	线路长度	体验项目 首选	体验项目 拓展
7	紧急制动	直线道路（60~0km/h）	500m	制动效能、制动稳定性、车辆制动抗点头、EPB	无
8	坏路通过	凹凸不平路面（限速10km/h）	25m	悬架的舒适性、方向稳定性、车身刚度、底盘装甲、车内植绒	无
9	泊车	展厅院内（限速10km/h）	10m	自动泊车、OPS模拟可视泊车影像、360°全景可视泊车、前部预碰撞系统	无

5. 试乘试驾结束后

(1) 销售顾问同顾客将车交还店内。

①车辆回到4S店，销售顾问及时引导顾客回展厅(洽谈区)，赞许顾客的驾驶技术；

②试乘试驾专员停放、整理试乘试驾车辆。

(2) 顾客填写试乘试驾反馈表。

试乘试驾结束后，应适时称赞顾客技术，请顾客帮助完成试乘试驾反馈表并签名确认，如图5-9所示。

图5-9 填写试乘试驾反馈表

(3) 评估顾客对车辆和邀请购车的反应。

①试乘试驾满意度调查结束后，借机探寻顾客成交意愿；

②顾客离店后，销售顾问把顾客试乘试驾资料交给销售前台登记。

(4) 销售顾问邀请顾客购车。

销售顾问利用顾客对于产品特点、试乘试驾体验的认可等机会，探寻顾客的订约意向，主动邀约成交。

5.2.4 任务实施

下面列举一些试乘试驾中销售顾问需要提醒的常见体验点。

1. 顾客试乘阶段

(1) 起步加速。在展示前应先向顾客说明，待此项展示结束时，再和向顾客交流感受。

【话术举例】

×先生/女士,现在我们一起体验这款车的原地起步加速能力,这个项目是用来测试一部车的动力性能和加速平顺性的,一辆好车在加速过程中,会感觉到明显的推背感,并且在加速的过程中根本感觉不到车在换挡,非常平滑,并给人一种人车合一、酣畅淋漓的感受。

(2)中段超车加速。

【话术举例】

×先生/女士:接下来我要演示车辆的原地起步加中段超车加速,在这个项目中,您可以体会到车辆在行驶过程中加速的能力。

【话术举例】

×先生/女士:刚才您是否感觉到车辆在行驶过程的加速能力同样很棒,而且加速的响应速度和平稳性都很好?开××超车,可以明显缩短超车时间,增强安全性。

(3)紧急制动。

【话术举例】

×先生/女士:前面这段道路非常平直,而且没有其他车辆、行人和障碍物,我将向您演示××的紧急制动性能。×先生/女士,车辆完全停下来大概不过×米,这说明车辆制动性能非常强,您说是吗?您注意到没有,在紧急制动的时候,车辆行驶的方向仍然非常稳定,而且车辆几乎没有什么点头的现象,这都是精心调教的底盘系统的功劳。

(4)坏路通过。

【话术举例】

前面有一段正在施工的碎石不平道路,我将要演示的是全新一代迈腾通过坏路时的乘坐舒适性。在通过时,您可以感受一下××在颠簸路面的优秀表现。

2. 中间更换驾驶人点

(1)试驾前进行概述:在试乘中体验的项目会在试驾中让顾客亲身去体验,到达每个体验点之前会提醒顾客。

(2)试驾过程中遵守交通法规,保证行驶安全。

注意事项:

更换驾驶人前,告知客户并征得同意。更换驾驶人时,车停在安全地点,发动机熄火,拔下车辆钥匙,帮助顾客打开副驾驶车门并引导顾客坐入驾驶座,帮助顾客调整座椅和方向盘高度、提醒顾客系好安全带、调节外后视镜角度。上车后做试驾概述后开始试驾。

【话术举例】

×先生/女士:通过刚才的试乘相信您对全新车型的性能有了一定的了解,我也相信此时此刻您一定迫不及待地想亲自驾驶下我们的×××车型了吧?接下来的路段将由您来亲自驾驶,让您更直接的体验下×××车型的优异性能,您看可以吗?

【话术举例】

×先生/女士:为了在试驾过程中保证您的安全,还请您在接下来的试驾过程中严格遵守交通法规,您看可以吗?

【话术举例】

×先生/女士:接下来那我们就开始交换座位,一会儿等您坐好时我也会帮您调整好车辆座位,并为您讲解相关操作要点。

3.顾客试驾,回答顾客问题

(1)帮助顾客观察路况并给予必要的提醒。

(2)判断顾客的驾驶水平和驾驶习惯,不要分散顾客的注意力,不要出现不信任顾客的行为。

(3)及时回答顾客提出的问题,对回答所需时间较长的问题给予记录,向顾客说明为保证安全简单介绍,详细内容等回到展厅里再做说明(也可为顾客试驾后回到展厅埋下伏笔)。

试驾可根据顾客的要求和客户实际的驾驶水平进行安排。但顾客试驾也必须首先在相同的试乘试驾线路上经历试乘的过程,以熟悉道路状况,在试驾中更好地体验车辆的优势性能。

4.试乘试驾结束

试乘试驾结束应与顾客一同返回展厅,告知顾客还需要填写《试乘试驾意见表》。这对于公司及时获知顾客对车辆产品的感受及满意程度,及时调整介绍方法、销售手法等是非常重要的一步。为了提高顾客的满意度,还可以赠送小礼物,如图5-10所示。

图5-10 赠送小礼物

表5-4中具体说明了试乘试驾结束后需要做的各项工作。

试乘试驾结束工作流程 表5-4

操作步骤	操作细节
第一步:试乘试驾车停放	1.乘试驾车回到指定区域,按规定停放; 2.环车一周检查车辆,确认外观
第二步:邀请客户回展厅休息	1.邀请顾客回到展厅; 2.请客户填写意见表; 3.归还证件,表示感谢
第三步:适机促成成交	1.回答顾客需求重点和疑问; 2.适机深入洽谈促成成交; 3.若成交,就进行订单操作流程;若未成交,作为潜在客户对待。
第四步:送别客户	1.赠送礼品; 2.礼貌送顾客到门口
第五步:交回车钥匙,做好登记	1.交回车钥匙; 2.填写《试乘试驾登记表》; 3.洽谈完毕,顾客离店后汇报车辆状况、油量,包括预警功能故障、卫生污点等

顾客试驾刚结束时,对产品的热度尚未退却,此时对顾客进行引导,可以较自然促使顾客成交。对暂时未成交的顾客,要利用留下的相关信息,与顾客保持联系。总之,对每一位顾客均应自始至终表现出热情,并感谢其参与试驾。

5. 分配任务

每 5 人为一组,选出 1 名组长,组长对小组任务进行分工。组员按组长要求完成相关任务。任务示例如图 5-11 所示,具体任务要求如下。

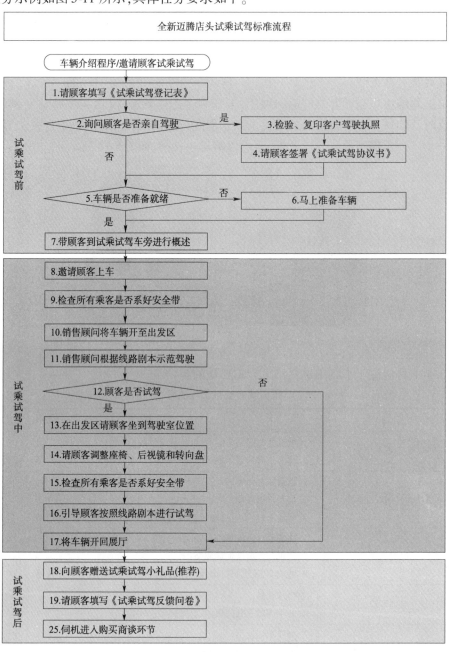

图 5-11　大众迈腾试乘试驾流程

（1）以一汽大众迈腾为例，车型如图 5-12 所示，进行试乘试驾演示。

（2）学会倾听顾客需求，在试乘时根据顾客需求讲解车辆性能，在试驾时让顾客亲自体验车辆，并使用相应话术让顾客进一步对车辆有所了解，提高成交率。

图 5-12　一汽大众迈腾

6. 检测评价

试乘试驾检验测评表如表 5-5 所示。

试乘试驾检验测评表　　　　　表 5-5

任务要点与操作		任务标准	完成情况		不能做到
			能够做到	有待改进	
任务要点与操作	试乘试驾技巧	1. 销售顾问是否主动邀请您试乘试驾			
		2. 试驾前，是否检查并复印了您的驾照			
		3. 试乘试驾前，是否请您签署《试乘试驾同意书》			
		4. 试驾前，是否根据试乘试驾图向您说明试乘试驾路线			
		5. 上车后，销售顾问是否向您简要说明车辆的主要配备和操作方法			
		6. 销售顾问是否确认车上所有人员正确系好安全带，提醒安全事项			
		7. 销售顾问是否坐到右前副驾驶座后将钥匙交给您，让您亲自体验			
		8. 销售顾问是否依车辆行驶动态进行车辆说明，展示车辆动态性			
		9. 销售顾问是否邀请您填写试乘试驾意见表			
		10. 销售顾问是否在您成功试乘试驾后，赠送小礼品			

练习与思考

一、选择题

1. 在试乘试驾的中,如何创造轻松的试乘试驾氛围?（　　）
   A. 不必事先准备好不同风格的音乐,设定并记忆不同风格的电台设置
   B. 试乘试驾时,不必关注客户,给客户足够的自由空间
   C. 提问客户的喜好,播放客户熟悉的音乐或电台,营造客户对新车的拥有感
   D. 无需准备工作,直接让客户试驾就好

2. 以下哪些是积极主动获取顾客的方法?（　　）
   A. 安排试驾日期
   B. 顾客给经销商打电话
   C. 安排车辆护理课程
   D. 拒绝邀请顾客参加新款车型发布

3. 每位顾客都有其个人的需要,因此汽车产品必须能满足各种特定的要求。请选出代表"经济性"这个要求的因素。（　　）
   A. 空间感
   B. 维护间隔和费用
   C. 税费和保险
   D. 油耗

4. 每位顾客都有其个人的需求,因此汽车产品必须能满足各种特定的要求,请标出代表"环境保护"这个要求的因素。（　　）
   A. 噪声排放
   B. 废气排放
   C. 装备多样化
   D. 自然资源消耗

5. 试驾的目的是什么?（　　）
   A. 确保顾客了解有关零售汽车贷款的基本内容和可选方案
   B. 确定后续行动
   C. 提供到服务顾问的平稳过渡,并灌输经销商服务能力的信心
   D. 交流驾驶本品牌汽车在情感上和功能上的益处,激发拥有本品牌汽车的激情

二、判断题

1. 顾客没有携带驾驶证,也同样可以进行试乘试驾。　　　　　　　　　　　　（　　）
2. 公司没有顾客想要的试驾的车辆时,销售顾问应放弃该顾客。　　　　　　　（　　）
3. 当顾客试乘试驾结束后,顾客想立即离店,销售顾问应不做挽留。　　　　　（　　）
4. 汽车销售活动中,所有来店顾客都可以进行试驾。　　　　　　　　　　　　（　　）
5. 试乘试驾前,顾客必须签署《试乘试驾协议书》。　　　　　　　　　　　　（　　）

三、想一想(职业与素养)

情景讨论:在一次销售过程中,为了检测汽车倒车灯的好坏,小李站在车的后边观察,车由实习生小王操作(起动汽车—踩制动踏板—挂倒挡),因为不熟悉操作,踩到了油门踏板,车速迅速后退,致使小李的腿受伤。

(1)如果你是销售主管,你工作中是否存在失误?说出原因。

(2)如果你是小李的同事,事故发生后,你应该怎么操作最合理有效?

(3)从多角度分析这次事故发生的原因。

项目六

报价议价与签约成交

项目描述

当销售顾问完成了车辆介绍并带领顾客体验试乘试驾后,此时对车辆感兴趣的顾客通常会让销售顾问对车辆进行报价,销售顾问是否采用正确的报价方式关系到销售能否顺利成交。当销售顾问报价完成后,顾客会针对价格提出异议,此时销售顾问应该对价格进行详细阐述,不能仅仅说明车辆的官方指导价,还应说明车辆带给顾客的个人利益和价值。

当销售顾问完成报价议价,解决了顾客的疑虑后,就有可能达成成交。因此销售顾问应能够识别顾客成交信号,针对不同的销售情况,灵活运用成交技巧,引导顾客成交。

任务6.1 报价流程及技巧

6.1.1 任务引入

绝大多数顾客在购车时都喜欢议价,且希望自己购车价格达到最低。因此销售顾问在报价前应做好准备,这样可以提前预防应对顾客因为价格而存在的异议与犹豫,促使顾客更加坚定地做出购车的决定。本任务主要学习报价知识。

> **销售小课堂:**
>
> 有一名机械设备推销员,费了九牛二虎之力谈成了一笔价值40多万元的生意,但在即将签单的时候,发现另一家公司的设备更适合客户,而且价格更低。本着为客户着想的原则,他毅然决定把这一切都告诉客户,并建议客户购买另一家公司的产品,客户非常感动。结果推销员不仅少拿了上万元的销售提成,还受到公司的责难,但他在之后一年时间内,不仅通过该客户介绍的生意就达上万元,而且为自己赢得了很高的声誉。
>
> 该推销员本着互惠互利的原则为客户着想,并没有因为一时的利益而欺骗客户,为自己的职业生涯带来了丰厚的收益。在汽车销售活动中,想要老客户帮忙转介绍新客户,销售顾问应遵守互惠互利原则。

6.1.2 任务目标

新车报价、议价

1. 职业目标

(1)熟悉报价的程序和方法。

(2)能够进行合理报价。

2. 素质目标

(1)培养诚信意识,在报价中不能欺诈顾客。

(2)培养灵活应变的能力。

6.1.3 相关知识

报价前的准备

(1)掌握必要的资料。

销售顾问要保证有一套完整的材料以完成这笔交易,所有必要的文件应用一个写有顾客姓名的信封装起来。同时准备好所有必要的工具,如计算器、签字笔、价格信息和利率表等。

(2)掌握销售流程中的价格体系。

在汽车销售过程中,汽车销售的价格体系由5部分组成,分别是:

①市场价格。汽车厂家对市场公布的终端销售价格,如经销公司的展厅价格、网络上、广告中公布的价格一般都是市场价格。

②优惠价格。各个经销商根据市场价格、厂家商务政策、市场状况等因素制定的市场优惠价格,优惠价格通常以现金的形式体现。

③展厅报价。各个经销商为了促进销售会在优惠价格的基础上再制定各种优惠政策在展厅中应用,其中的优惠政策一般以赠品的形式体现。

④顾客心理价位。任何一名顾客在购车时几乎都不知道该车型的进价(或成本价),他们在充分了解并认同该车型的同时也形成了自己对该车型的价格取值,这就是顾客的心理价位。

⑤最终成交价。汽车的最终成交价格,一般是展厅报价与顾客心理价位之间的取值。

按照这个价格体系理论,销售的报价协商环节就是销售顾问同顾客在展厅报价与顾客心理价位之间寻找平衡点,这个平衡点就是最终成交价。

(3)掌握相关信息。

①顾客信息。销售顾问需要了解潜在顾客基本信息,确定顾客正确的姓名、工作和电话号码。确定谁是名义上的购买者以及由谁支付车款。

②竞争者产品的价格信息。销售顾问需要了解其他品牌店的竞争情况,通常情况下,同一座城市,相同品牌的4S店有时候有两个及以上。

③注意收集其他有关信息。销售顾问应注意收集其他有关的信息,包括市场波动、贷款政策等。

6.1.4 任务实施

1. 报价流程

销售顾问在完成了报价前准备工作后,可以向顾客进行报价,流程如下:

（1）销售顾问应先确定顾客需求，包括车型、颜色的选择等，并询问顾客是否需要代办贷款、车险、上牌等服务。

（2）根据顾客提出的需求，销售顾问为其拟定销售方案，将车辆官方指导价格、优惠价格、保险价格、贷款价格、代理上牌价格、精品加装价格等费用罗列清楚，并填写在汽车报价表中，以书面的形式呈现给顾客，汽车报价表见表6-1。

汽 车 报 价 表　　　　　　　　表6-1

购车客户姓名		销售顾问		日期	
联系电话		证件号码			
购买车型		指导价		优惠价格	
赠送精品		车型颜色		货源状况	
	项目	备注		金额	
金融购车所需费用	车价	保险公司			
	首付金额	车损险			
	贷款金额	第三者责任险			
	购置税	座位险			
	保险	玻璃险			
	续保押金	不计免赔			
	公证费	盗抢险			
	贷款手续费	自燃险			
	上牌服务费	划痕险			
	临时押金	交强险			
	总计	车船税			
	月还	合计			
贷款所需材料	个人牌照所需材料：身份证、户口本、结婚证、房产证、收入证明，近期6个月的银行流水。				
	公司牌照所需材料：个人贷款材料（大股东材料），组织机构代码证营业执照（有效副本），验资报告，财务报告，税务登记证，公司贷款卡复印件，公章。				
此意向书有效期：当月有效					

（3）销售顾问拿出汽车报价表向顾客说明车辆价格时，应再次总结顾客所选车辆的主要配置给顾客带来的生活便利，重点强调车辆本身的价值，让顾客觉得物超所值，然后再进行详细的价格说明。

（4）销售顾问在向顾客解释车辆相关价格时，如若遇到顾客提问，应耐心回答顾客的提问，并给出满意的答案。

2.报价的方法

价格虽然不是协商的全部，但是有关价格的协商是谈判的主要组成部分，占据销售协商70%的时间，很多谈判没有成交都是因为双方在价格上存在分歧。卖方希望以较高的价格成交，而顾客则盼望以较低的价格购买所需要的商品。销售顾问在价格谈判中要使双方满

意,就需要谈判的技巧和策略,第一次报价尤其重要。以下为常见的一些报价方法:

(1)尾数报价法。

尾数报价法是指制定非整数价格,以零头数结尾(通常这样的零头尾数为吉利数字,诸如999、888等),使顾客有一种便宜的感觉,从而激起顾客的消费欲望,促进车辆销售。在日常销售活动中,汽车经销公司在小型车展使用这样的报价方法比较多,小型车展如图6-1所示。

图6-1 汽车经销公司小型车展

(2)"三明治"报价法。

"三明治"报价法是指当顾客对价格产生异议的时候,销售顾问切记不能直接给予否定,而是先认可顾客的说法,站在顾客的角度上进行分析。

这种报价方法一般采用"认同+原因+赞美和鼓励"的方式,也就是首先站在顾客的立场上认同顾客的说法,然后说明原因,最后赞美和鼓励顾客的说法和做法。

(3)比较报价法。

比较报价法适用于顾客针对竞品车型价格提出异议时使用,销售顾问应从本品牌车型的实际优势出发,详细地向顾客阐述本品牌的特点,让顾客通过比较,真正的认可本品牌的价值。

销售顾问在运用比较报价法时,用转移法化解顾客的价格异议,销售顾问应将顾客的视线转移到车辆的优势上,但在这个过程中必须要站在公正、客观的立场上,一定不能恶意诋毁竞争品牌。

(4)化整为零报价法。

如果销售顾问把产品的价格按产品的使用时间或计量单位分至最小,可以隐藏价格的昂贵感观,这实际上是把价格化整为零。这种方法的特点是细分之后并没有改变顾客的实际支出,但可使顾客觉得"所买不贵"。

3.报价的技巧

销售顾问在给顾客报价时,应掌握一定的报价技巧。

(1)不要轻易报价。

在日常销售活动中,顾客到店看车前会通过网络或电话咨询车辆价格,此时销售顾问不能盲目地进行报价,应先确认顾客是否有真正的购车需求。当销售顾问确认顾客确实有购车需求时,应邀请顾客到店来实际看车,真正了解车辆之后再进行报价。

(2)突出优势,物超所值。

一般情况下,顾客到店通常第一关注的是车辆价格,第二关注的才是车辆本身。当顾客首次到店询问价格时,销售顾问应给出市场价格,即车辆的官方指导价,然后通过车辆介绍、试乘试驾环节让顾客真实地了解到本品牌车辆的优势,真正认可车辆价值时,此时销售顾问可以以公司优惠政策给出实际的报价。

(3)应对顾客进行分类报价。

到店看车的顾客是多种多样的,销售顾问应做好分类。对于那些漫无目标、不了解价格行情的顾客,可以报官方指导价,从而留出议价的空间。对于不知道具体某一车型的价格情况,但知道行业各个环节定价规律的顾客应适当报价。而对于那些知道具体价格并能从其他渠道购买到同一款车的顾客,则应在不亏损的前提下尽量压低价格留住顾客。

(4)应对不同档次车型进行分类报价。

通常情况下,同一品牌都会有低档和高档车型的区分。销售顾问在报价时,对于低档车型应采用非整数定价,最好采用尾数报价法,让顾客相信定价的精准性。对于高档车型,销售顾问在报价时一般采用整数报价法,这样的报价能凸显车辆的高档定位,也能满足顾客体现身份、地位的心理。

> **销售小课堂:**
> 推销员小张有一个北京的客户,前期的产品试样比较顺利,也给客户报了价。第一次报价比较高,小张准备做一些让步,但是出于销售提成的考虑,他当时没有表态。客户对此不满,他们不喜欢这种拉锯式的讨价还价的方式,希望一步到位。
> 小张的做法不能算是最合理的,站在公司角度,按照公司的销售利润及自身的提成进行报价无可厚非,但当客户提出议价时没有给出明确的反应,反而会错失客户,应根据议价的技巧来处理。

任务6.2 议价处理及技巧

6.2.1 任务引入

价格异议是指顾客因推销产品价格过高而拒绝购买的异议,销售活动中俗称为"议价"。无论产品的定价如何,总有消费者认为价格过高、不合理。因为讨价还价是多数消费者的商务洽谈习惯,所以汽车销售过程中出现最多的就是价格异议。顾客目的是让汽车销售顾问做出价格上的让步,因此销售顾问应该掌握议价处理及技巧,做到见招拆招。

6.2.2 任务目标

1. 职业目标

(1)熟悉价格异议处理的流程。

(2)熟悉议价的技巧和方法,能够合理处理顾客价格异议。

2.素质目标

(1)培养与他人合作意识,以便进行有效沟通。

(2)培养文明销售的良好习惯,不能在议价过程中弄虚作假。

6.2.3 相关知识

1.议价的分类

(1)电话邀约时顾客议价。

在日常销售活动中,销售顾问在网上搜集到顾客信息后或店内搞活动时通常都会采用电话邀约的形式与顾客进行沟通,此时顾客都会要求销售顾问给出车辆的价格并进行议价。常见的顾客话术有以下内容:

①价钱谈好了,我就过来了,否则我不是白跑一趟。

②你太贵了,人家才……你可以吧?你可以我就过来。

③你不相信我啊?只要你答应这个价格,我肯定过来。

④你做不了主的话,去问一下你们经理,可以的话,我这两天就过来。

切记,在任何销售活动中,几乎没有订单是通过电话完成的。面对上述话术,销售顾问应从车辆本身、公司整体服务等内容进行突破,通过合适的话术邀请顾客到店来进行谈判:

①价格方面包您满意,您总得来看看样车呀,实际感受一下,就像买鞋子,您总得试一下合不合脚啊。

②您车看好了,价格不是问题,买车呐,除了价格,您还得看看购车服务和以后用车时的售后服务。所以我想邀请您先来我们公司参观一下展厅,维修车间,看看您满意不满意。

③别人的价格是怎么样的?车价只是其中一个部分呀,这电话里也说不清楚,要不您过来我帮您仔细算算?

④您这个价格,我实在是很为难,要么这样,您跟我们经理谈一下?您哪天方便,我给您约一下。

(2)顾客到店就议价。

现在的车辆价格在网络上比较透明,很多顾客通常情况下到店就进行议价,而不去关注车辆的性能及其他特点。此时,销售顾问应通过话术引导顾客关注车辆本身,并适时邀请顾客进行试乘试驾,亲身体验车辆的各项性能。

销售顾问可以采用以下话术来化解顾客到店就议价的行为:

①我们每款车都有一定的优惠,关键是要符合您的用车需求,我帮您参谋选好车,然后给您一个理想的价格,要不然,谈了半天价格,这款车不适合您,不是耽误您功夫嘛。

②这款车我就是给您再便宜,要是不适合您,那也没有用啊,所以我还是给您把几款车都介绍一下,结合您的需求,您看哪款比较合适,咱们再谈价格,您看好吗。

(3)顾客针对竞品进行议价。

与电话议价、刚到店议价不同,当顾客针对竞品进行议价时,往往对车辆有了一定的认可,现在只剩下销售顾问临门一脚,解决了顾客的异议后,就能签约成交。顾客常说的话术有:"我比较过其他的地方,你们店车的价格比人家要贵好几千块钱。你该怎么解决?"销售顾问遇到这样的议价方式时,可以从以下角度来化解:

①其他地方报的价格这么低,可是在他的展厅里是实现不了的,一定还包含了其他的附件条件。

②您在其他经销商了解的价格能拿到现车吗?现在我们不谈价格,他给您的优惠的原因可能是库存车或试乘试驾车。假如您在这方面不要求,我们可能有最优惠的车给您,到时候一定通知您。

③他们承诺您能拿到现车吗?可能您要等待很久的时间。我有个客户原先就是在那里订车的,都已经好几个月了,都没有拿到车。而在我这里订车没多久就上牌了。这通常是经销商的一种策略,让您无限期等下去。

2. 议价处理步骤

(1) 倾听顾客的价格异议。

在汽车销售活动中,几乎所有的顾客都会提出价格异议,此时销售顾问应该耐心倾听顾客提出的价格异议,而不是一味地说不可以还价之类的话语,这样会让顾客觉得自己不受重视,销售顾问是在敷衍自己。

(2) 对价格异议表示理解。

当顾客提出的议价是合情合理的,销售顾问应表示理解,并将顾客的注意力先吸引到车辆性能本身,采用恰当的方法让顾客认可车辆本身的价值,再进行议价。

(3) 解决顾客的价格异议。

面对顾客提出合理的议价时,销售顾问在倾听、理解顾客的基础上,应采用适当的方法和技巧来解决顾客的议价。

6.2.4 任务实施

1. 错误的议价方式

价格永远是议价的焦点,如果销售顾问采用错误的议价方式,将会丢失顾客,销售顾问应避免在价格谈判中采用以下议价方式。

为了便于理解,假设销售顾问有9000元的让价空间,顾客会在价格谈判中讨价还价3次,具体议价方式见表6-2。

错误的让价方式　　　　　　　　表6-2

让价方式	第一轮让价	第二轮让价	第三轮让价	让价幅度
等额让步	3000	3000	3000	9000
起步让光	9000	0	0	9000
先少后多	1000	3000	5000	9000
最后让价太高	0	0	9000	9000

(1) 等额让步。

等额让步指的是销售顾问在每次让价时都采用相等的价格,这种让价方式让顾客会有一种还会一直便宜下去的感觉,所以导致顾客坚持不懈的还价,但当销售顾问停止让价时,可能会让价格谈判破裂。

(2) 起步让光。

起步让光是指销售顾问在顾客议价的开始就将自己的让价空间和盘托出。这种让价方式会让顾客觉得议价空间很大,如图6-2所示。在接下来的价格谈判中,顾客还会加大议价筹码,但销售顾问已经没有任何让价空间,容易使价格谈判陷入僵局,从而最终丢失顾客。

图6-2 议价的顾客心理

(3)先少后多。

先少后多指的是销售顾问在让价时逐步增加。在实际价格谈判中,应尽量避免使用这种让价方式,因为这会使顾客的期望价值越来越高,并会认为卖方有很大让价空间,从而助长顾客谈判气势。

(4)最后让价太高。

最后让价太高指的是销售顾问在价格谈判初期坚持不肯让价,而最后和盘托出的让价方式。销售顾问采用这样的让价方式会让顾客在谈判前期认为销售顾问态度强硬,没有真正想卖车的意思,从而导致谈判破裂,致使顾客离开。

2.议价方法及技巧

销售顾问在销售活动中可以采用以下正确的议价方法:

(1)捆绑法。

捆绑法是指当顾客提出不合理的让价时,销售顾问可以提出一些要求作为回报,诸如加装精品、办理贷款等。这种方法虽然会让公司在车辆售价当中损失部分利益,但是却能在其他方面带来收益。如若顾客不接受捆绑法,也可以避免顾客再提更多的过分要求。

(2)故作惊讶法。

故作惊讶法是指当顾客提出议价时,销售顾问表示惊讶,如图6-3所示。此方法有利于销售顾问示弱,让顾客放下一部分的心理防备,从而使得顾客在议价时不会太狠。

(3)拟订合同法。

拟订合同法是指当销售顾问让价到底线时,为避免顾客再次议价但又不买,可以拿出销售合同让顾客当场签约。此方法有助于给顾客施加部分压力,从而促使成交,如图6-4所示。

除了以上正确的议价方法之外,销售顾问还可以使用一些技巧来帮助处理顾客的议价,常见的技巧有以下内容:

(1)避免对抗性的谈判。

当顾客对销售顾问的让价不满时,销售顾问不能与顾客产生争辩,不能造成剑拔弩张的氛围。销售顾问应站在顾客的角度,使用诸如"我能理解您、换作我是您"等语句来化解,之后再采用正确的议价方法。

（2）借助公司高层的权力。

当议价谈判停滞不前时，销售顾问可以求助于销售经理等，向顾客表明自己实在无能为力，将决定权推到管理层。

图6-3 故作惊讶法

图6-4 拟定合同法

任务6.3 签约成交

6.3.1 任务引入

在销售技巧中，识别成交信号，在最恰当的时机促成交易，是很考验销售顾问功力的。过早提出成交，顾客没有购买欲望，很容易给顾客形成压力，导致顾客脱离销售活动。而过晚提出成交，可能错过顾客购买欲望最高的那一刻，而导致销售失败。

6.3.2 任务目标

1. 职业目标

（1）熟悉顾客的成交信号，能够掌握成交时机。

（2）能够应用促进成交技巧，完成签约成交。

2. 素质目标

（1）培养诚信意识，不能为了签约而弄虚作假。

签约成交

(2)培养文明销售的良好习惯。

6.3.3 相关知识

1.识别成交信号

在销售活动中,成交信号是指顾客在行为、语言等方面表露出购买车辆的意愿。

(1)行为成交信号。

①当销售顾问在向顾客展示车辆过程中,顾客认真仔细聆听,并若有所思,可能顾客想购买车辆;

②当销售顾问在向顾客展示车辆过程中,顾客的态度由之前的冷漠变成大方,侧面体现了顾客对车辆产生了浓厚的兴趣,可能成交车辆;

③当销售顾问提交报价单并详细阐述价格时,顾客频繁点头,并若有所思;

④当销售顾问报价完毕后,顾客频繁使用计算器计算并认真思考。

(2)语言成交信号。

①当销售顾问介绍完车辆后,顾客开始聚焦到具体车型,并针对配置询问价格;

②当销售顾问报价完毕后,顾客始终纠结于让价价格,并执着于赠品等;

③当销售顾问让价完毕后,顾客开始询问付款方式、购买手续、贷款办理手续等情况;

④当销售顾问让价完毕后,顾客开始询问维护、修理等售后服务情况。

2.成交的技巧

(1)直接请求成交法。

直接请求成交法是指销售顾问直截了当地提出成交请求,该方法适用于顾客已表现出强烈的成交欲望,但又无法下定决心。

【话术举例】

王先生,我看您对这款车型还蛮中意的,给您的价格您也没异议,要么现在咱们把购车合同签了?

(2)利益总结成交法。

利益总结成交法是指在销售顾问提出签约成交前,再次总结车辆给顾客带来的利益,增强顾客购买车辆的信心,该方法一般适用于车辆展示后。

【话术举例】

王先生,您看,这辆车非常适合您,您对动力性、经济性、舒适性的关注度比较高,我再给您总结一下本款车型这些方面的优点吧……您要是满意的话,要么我们现在签约吧?

(3)选择成交法。

选择成交法是指销售顾问根据顾客需求提出多种购买方案,让顾客自行选择一种进行成交,该方法适用于没有决定力的顾客。

【话术举例】

王先生,您看,我这边给您提供二种购买方案,第一种是全额付款,优惠5000元;第二种是贷款付款,给您赠送精品装潢5000元,您看看您选择哪一种?

(4)交换条件成交法。

交换条件法是指当顾客提出"过分"要求时,销售顾问用"反条件"的方式来促成交易,该方法适用于总是提出额外条件的顾客。

【话术举例】

王先生,我特别理解您的要求,但这个让价已经非常低了,再让的话就是亏本销售了,如果您现在立马签约,我可以帮您去向销售经理申请。

(5)压力成交法。

压力成交法是指销售顾问利用库存不足、优惠结束、提价等因素的担忧来向顾客施加一部分压力,从而让顾客成交,该方法一般适用顾客对产品已经建立起充分的信心,没有新的异议但仍不能决定购买时。

【话术举例】

王先生,您看现在这款车除了这辆展车外,仓库里就只剩下一辆了,如果今天您不能定下来的话,我不保证明天是否还有现车。

(6)富兰克林成交法。

富兰克林成交法是指销售顾问把顾客购买车辆所能得到的好处和不购买车辆的不利之处一一列出,见表6-3。用列举事实的方法增强说服力,该方法一般适用于犹豫不决的理性顾客。

富兰克林成交法　　　　　　　　　　　　　　　　表6-3

优　点	缺　点	优　点	缺　点
百公里油耗低	外观不够时尚	安全配置多	行李舱空间较小
动力性强	内饰比较老气	性价比高	工艺不够精细

【话术举例】

王先生,请让我来为您分析一下,看看您现在购买我们的车值不值得。第一,您觉得这款车的油耗大,但是这款车很注重安全性能,所以车身会比较重;第二,您认为这款车的工艺不够精细,但是价格确实很合理,而且这也不会影响汽车的驾驶性能;第三,您说它的车身太短,不够气派,但是,现在好多像您这样的时尚达人都很青睐这种两厢车,因为有个性,而且很时尚,同时这款车的后排座椅都可以放下来,空间是很充足的,价格也是相对比较低的。您还有什么犹豫的呢?

(7)优惠成交法。

优惠成交法是指销售顾问提供优惠方案促使顾客当场做出购买决定的方法。

【话术举例】

王先生,如果您今天能当场签约,我这边可以给您优惠5000元现金,送您2次维护,除此之外,还可以赠送您全车贴膜、脚垫等物品,您看您现在需要签约吗?

6.3.4 任务实施

1. 签约成交

(1)制作合同。

①请顾客确认报价内容。

销售顾问根据顾客的需求,详细地列出车辆价格以及其他附加内容的价格,经顾客确认所有价格准确无误,所使用的新车销售开票单如图6-5所示。

②请顾客确认新车交付日期。

新车销售开票(结算)单

结算单号：_____　　　　　　　　　　　　　　　　　　　　　年　月　日

购车人	名称(联系人)							
	地址					邮编		
	出生年月	年 月 日	单位：		电话		传真	
	性别	职业			手机		E-mail	
开票名义人	开票名称							
	身份证号/机构代码证号							
	车型					颜色		
	发动机号					合格证号		
	车票号					付款方式		□现金 □按揭 □银行 □GMAC
总价款	厂方指导价(元)			折扣(元)		开票价(元) 注:开票价=厂方指导价-折扣		
	折扣类型		□集团折扣		□促销折扣	批准人		
		现　金				分期付款		
	项目	客户交款金额	实际结算金额	应补/应退金额	备注	开票金额	首期车款	银行放贷	合计
	车身款								
	购置附加费					实收金额	首付款总额	其他	银行放贷	合计
	上牌费								
	车辆保险费					首付款明细		首付款金额
	客户自选购装潢品					首期车款		
	其他					贷款期保险总额		
						购置税		
	合计					上牌公证费		
						贷款手续费		
	实收现金(元)							
	汽车发票签收栏		□销售顾问：			□客户：		
赠送或选购保险明细	车辆损失险		赠送	选购	赠送	选购	商品名	商品编号	数量	金额
	第三者责任险		□	□						
	交强险		□	□	赠送或选购装潢明细					
	附加险	全车盗抢险	□	□						
		车上人员责任险	□	□						
		玻璃单独破碎险	□	□						
		不计免赔特约险	□	□						
		他人恶意险	□	□						
		自燃险	□	□						
	赠送保险费合计					赠送装潢合计		
	选购保险费合计					选购装潢合计		
销售顾问(签字)		销售经理(签字)			财务经理(签字)		
财务收款合计	现金	转账	首付款	银行放贷	定金	其他
合计：¥						
大写：						
收款人		开票人			财务复核		

图 6-5　新车销售开票单

销售顾问应提前确认顾客所需车辆是否有现车,如若没现车,到货准确时间应告诉顾客,不能有所欺瞒,并根据顾客能够提车时间来确定交付日期。

③制作合同。

销售顾问应在本企业的固定格式的合同中准确填写合同中的相关资料,在填写时一定要保证信息,特别是车型、车辆识别代码、颜色、规格、顾客资料等内容准确无误,并在填写后请顾客确认。

④交销售经理审核。

销售顾问应在邀请顾客正式签订合同前,将所填写的合同提交销售经理审核,销售经理审核无误后方可签订。

(2)签约及订金手续。

①请顾客签字。

销售顾问应协助顾客确认所有细节并在合同上签字,签字完毕后将合同副本交给顾客保存。

②请顾客付款。

销售顾问应带领顾客前往财务部门付款,交款后应将发票送至顾客手中。如果是订车的顾客,可以先缴纳订金。

③录入顾客信息。

销售顾问应在签订合同后,将顾客信息录入到管理系统中。

(3)履约与余款处理。

销售顾问与顾客签约后,应按合同履约,如不能按合同的内容履行合约,除了会降低顾客的满意度外,还会引起法律纠纷。因此,在签约到交车的过程中,销售顾问应与顾客保持密切联系,进一步加深与顾客直接的感情维系。

2.分配任务

每5人为一组,选出1名组长,组长对小组任务进行分工。组员按组长要求完成相关任务。具体任务要求如下:

(1)以别克英朗2016款自动豪华型车型为例,裸车价格为136900元,活动优惠10000元,请分别以全款和贷款计算最终购买车辆落地价格。

(2)小组内,1人扮演销售顾问,1人扮演客户,进行议价情景模拟。

 练习与思考

一、填空题

1.在汽车销售过程中,一般而言,汽车销售价格体系是由5个价格组成,分别为_____、_____、_____、_____、_____。

2.常见的成交方法有_____、_____、_____、_____、_____、_____。

3.销售顾问在报价议价时,正确的议价方法有_____、_____、_____。

4.销售顾问在报价议价时,错误的议价方法有_____、_____、_____。

5.议价处理的步骤有_____、_____、_____。

二、判断题

1.汽车营销活动中,不管客户需不需要,销售顾问报价时都向客户兜售精品或配件。

( )

2. 汽车销售活动中，销售顾问报价时可以根据客户需求推荐金融贷款。（　　）
3. 顾客在挑选产品时，时间越短，忠诚度越低。（　　）
4. 若客户需要代办保险，可使用通用的表格准确地计算并说明相关费用。（　　）
5. 在签约结束后，销售顾问应尽快离开现场，送走客户，避免客户反悔。（　　）

三、想一想（职业与素养）

1. 背景描述：在IT行业工作了8年的张先生与妻子来到展厅看车，销售顾问小李上前接待他们并作了自我介绍。之后，张先生对小李给的车辆优惠不是很满意，提议与销售经理进行价格谈判，小李为了销售业绩，不想把这件事交给销售经理，于是采用欺骗的形式进行了议价，张先生当天签约回家后发现自己受骗，从而到店里来要说法。同学们，你认为小李这样的行为正确吗？如果不正确，请说明理由。

2. 背景描述：快到月底了，小张的销售业绩远远没有达到考核的指标，为了尽快符合考核要求，小张在接待客户王先生时，采用捆绑报价法的形式，让王先生进行贷款、购买保险、精品等，但这引起了王先生的强烈不满，小张认为自己做的并没有错，他去找销售经理说明了这件事情，如果你是销售经理，你应该如何和他进行沟通？

项目七 顾客异议及投诉处理

项目描述

由于汽车营销与服务过程中的各种原因与不满,客户会产生负面情绪与投诉,做好顾客异议及投诉的处理,对于提高客户满意度和忠诚度,提升服务品质,建立品牌形象以及对汽车经销公司和销售顾问的良好口碑有着重要的意义。

任务 7.1 顾客满意与顾客忠诚

7.1.1 任务引入

要了解顾客异议及投诉处理,首先要了解顾客满意和顾客忠诚的意义,因为,顾客异议及投诉处理是顾客满意与不满意和忠诚与否的一部分。

7.1.2 任务目标

1. 职业目标

(1)掌握客户感知价值、客户满意的概念,客户满意度的衡量,影响客户满意度的因素,理解客户满意的意义。

(2)掌握客户忠诚的含义,理解客户忠诚度对企业的意义,掌握客户忠诚度的衡量,影响客户忠诚度的因素,客户满意和客户忠诚的关系。

(3)能结合企业实际情况掌握提高客户满意度和忠诚度的方法。

2. 素质目标

(1)具有诚信经营、服务制胜的意识。

(2)树立大局观,具有团队合作能力。

(3)能够用发展的观点看问题、注重长期利益而不是眼前利益。

7.1.3 相关知识

1. 顾客满意的含义

顾客满意是一种心理活动,是顾客的需求被满足后形成的愉悦感或状态,是顾客的主观感受。当顾客的感知没有达到期望时,顾客就会不满、失望,这时候有可能就会去投诉;当感知与期望一致时,顾客是满意的;当感知超出期望时,顾客就感到"物超所值",就会很满意,甚至产生惊喜。如图7-1所示。

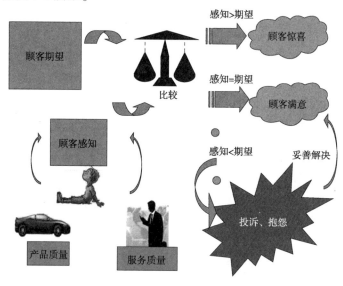

图 7-1 顾客满意的含义

2. 顾客满意度的含义

顾客满意度是客户期望与客户体验相匹配程度的相对概念。换句话说,客户通过比较他们的感知性能和预期的价值就可以得到这个指数。汽车行业的客户满意度就是指车主购买车辆及之后公司提供的产品和维修等整体的满意指数。

3. 一个不满顾客的行为

(1) 一个投诉不满的顾客背后有 25 个不满的顾客。

(2) 24 人不满但并不投诉。

(3) 一个不满的顾客会把他糟糕的经历告诉 10~20 人。

(4) 6 个有严重问题但未发出抱怨声。

(5) 投诉者比不投诉者更有意愿继续与公司保持关系。

(6) 投诉者的问题得到解决,会有 60% 的投诉者愿与公司保持关系,如果迅速得到解决,会有 90%~95% 的顾客与公司保持关系。

4. 一个满意顾客的行为

(1) 一个满意的顾客会告诉 1~5 人。

(2) 100 个满意的顾客会带来 25 个新顾客。

(3) 维持一个老顾客的成本只有吸引一个新顾客的 1/5。

(4)更多地购买并且长时间地对该公司的商品保持忠诚。

(5)购买公司推荐的其他产品并且提高购买产品的等级。

(6)对他人说公司和产品的好话,较少注意竞争品牌的广告,并且对价格也不敏感。

(7)给公司提供有关产品和服务的好建议。

5. 顾客满意的价值:顾客忠诚度

企业信誉的建立与利润形成的过程是顾客从认知到信任,信任到购买,购买到满意,再从满意到忠诚,最后向自己周围的亲朋好友宣传好的口碑,如图7-2所示。学者通过实践证明,企业90%以上的利润来源中,其中十分之一来自一般的顾客,十分之三来自满意的顾客,而十分之六则由忠诚的顾客带来的。顾客满意是培养忠诚顾客的前提条件,但是满意的顾客不一定就是忠诚的,顾客忠诚度是顾客满意的最终价值。

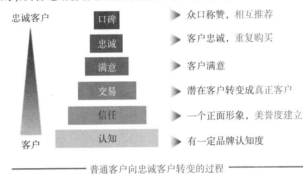

图7-2 企业信誉的建立与利润形成的过程

顾客忠诚是顾客满意的深化,是现代企业与消费者关系中的最高层次,是顾客对企业的信任,是企业的无形资产。企业只有不断地提高顾客满意,才能打造顾客忠诚。顾客忠诚的目的是使顾客在满足自己物质、精神等各方面的需要后,对企业及产品产生忠诚感,从而实现企业利润的长期稳定增长。一项研究表明,企业顾客忠诚度每增加5%,企业利润将增加25%~85%。

6. 顾客忠诚的概念

顾客忠诚实际上是顾客满意概念中引出的概念,是指顾客满意后,产生的对某种产品品牌或公司的信赖,维护和希望重复购买的一种心理倾向。顾客忠诚实际是一种顾客购买行为的持续性。

7.1.4 任务实施

根据调查,1个满意的老客户有可能为你带来7个新客户,但是失去1个客户的同时,就意味着未来你可能失去19个新客户,同时,开发一个新客户的成本是维护一个老客户成本的5倍。所以说提高顾客满意度和忠诚度是相当重要的一件事情。

1. 顾客满意的重要意义

顾客满意度是企业生存、发展的根本,不同的服务水准决定不同的顾客满意度。

(1)如果提供的服务超越顾客希望的,企业将成为顾客的终身选择。这是顾客满意的最高境界,终身的顾客留存,不仅能带来丰厚的利润,而且通过顾客在自身行业内的传播,比企业自我宣传效果更好。这种终身的顾客关系,能不断得到放大,为企业带来最好的利润空间及发展前景。

(2)如果提供的服务是顾客所希望的,企业将是顾客的忠实伙伴。想顾客所想,提供顾客希望的产品、服务,帮助顾客在自身领域不断取得成绩,则顾客将选择企业作为忠实的伙伴,在相应领域的采买上,必将优先选择。

(3)如果提供的服务是顾客期望的,则顾客将表现为很满意。只提供顾客期望范围内服务,顾客认为企业表现上缺乏创新性,这样当出现更有前瞻性的企业时,可能会被放弃。

(4)如果提供给顾客基本要求的服务,顾客的表现是基本满意。这种状况下企业在此顾客项目上将存在一定的风险。

(5)如果提供的服务未达到顾客基本要求时,顾客将选择投诉。此状况若持续时间过长,则被顾客淘汰是必然的。

所以,高水准的服务对应的是高满意度的顾客,带给企业的是顾客忠诚度的提高、服务合同的增加、公司成本的降低、企业员工工作效率的提升和市场竞争力的加强。提升顾客满意度是所有企业的选择,特别是对汽车后市场行业企业尤其重要。

2.影响顾客满意度的因素

影响顾客满意的因素是多方面的,涉及企业、产品、营销与服务体系、企业与顾客的沟通、顾客关怀、顾客期望值等各种因素。其中任何一个方面给顾客创造了更多的价值,都有可能增加顾客的满意度;反之,上述任何一个方面顾客价值的减少或缺乏,都将降低顾客的满意度。根据"木桶原理",一个木桶所能装水的最大限度由其最短的一块木板所决定,同样,一个企业能够得到的最大的顾客满意度,由其工作和服务效率最差的一个环节或部门所决定。也就是说,企业要达到顾客的高度满意,必须使所有的环节和部门都能够为顾客创造超出其期望值的价值。影响顾客满意的因素可归结为以下6个方面,如图7-3所示。

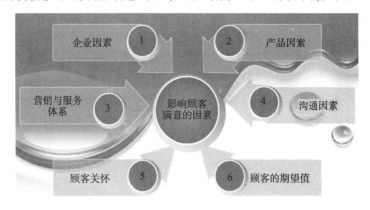

图7-3 影响顾客满意的因素

(1)企业因素。

企业是产品与服务的提供者,顾客对企业和企业产品的了解,首先来自企业在公众当中的形象、企业规模、效益、公众舆论等内部和外部的因素。当顾客计划购买产品或服务时,他们会非常关心购买什么样的产品,购买哪家的产品,这时企业的形象就起到了很大的决定作用。形象模糊不清的企业,公众一般难以了解和评价;而形象清晰、信誉良好的企业可以带给顾客认同感,提升企业的竞争优势。如果企业给消费者一个很恶劣的形象,很难想象消费者会选择其产品。

(2)产品因素。

产品的整体概念包括3个层次,即核心产品层、有形产品层和附加产品层。

核心产品层是指顾客购买产品时所追求的基本效用或利益,这是产品最基本的层次,是满足顾客需求的核心内容。顾客对高价值、耐用消费品要求比较苛刻,因此这类产品难以取得顾客满意,但一旦顾客满意,顾客忠诚度将会很高。顾客对价格低廉、一次性使用的产品要求较低。

有形产品层是指构成产品形态的内容,是核心产品得以实现的形式。包括品种、式样、品质、品牌和包装等。由于产品的基本效用必须通过特定形式才能实现,因而企业在着眼于满足顾客核心利益的基础上,还要努力寻求更加完善的外在形式以满足顾客的需要。

附加产品层是指顾客在购买产品时所获得的全部附加服务或利益。企业生产的产品不仅要为顾客提供使用价值和表现形式,有时还需要提供信贷、免费送货、质量保证、安装、调试和维修等服务项目,否则,会影响到顾客满意度。

(3)营销与服务体系。

现代的市场竞争不仅在于生产和销售什么产品,还在于提供什么样的附加服务和利益。企业竞争的焦点已经转移到服务方面,企业的营销与服务体系是否有效、简洁,是否能为顾客带来方便,售后服务时间长短,服务人员的态度、响应时间,投诉与咨询的便捷性,服务环境、秩序、效率、设施和服务流程等都与顾客满意度有直接关系。同时,经销商作为中间客户,有其自身的特殊利益与处境。企业通过分销政策、良好服务赢得经销商的信赖,提高其满意度,能使经销商主动向消费者推荐产品,解决消费者一般性的问题。

(4)沟通因素。

厂商与顾客的良好沟通是提高顾客满意度的重要因素。很多情况下,顾客对产品性能不了解,造成使用不当,需要厂家提供咨询服务;顾客因为质量、服务中存在的问题要向厂家投诉,与厂家联系,如果缺乏必要的渠道或渠道不畅,容易使顾客不满意。我国消费者协会公布的有关数据表明,顾客抱怨主要集中在质量、服务方面,而涉及价格、性能的很少。抱怨的倾诉对象通常是家人、朋友,较少直接面对厂家或商家。但是,顾客有抱怨,只要沟通渠道畅通、处理得当,达到顾客满意的条件,顾客会对厂家表示理解,并且还会在下一次继续选择该企业产品。菲利普·科特勒(Philip Kotler)指出,如果用令人满意的方法处理投诉,那么80%的投诉者不会转向其他厂商。

(5)顾客关怀。

顾客关怀是指不论顾客是否咨询、投诉,企业都主动与顾客联系,对产品、服务等方面可能存在的问题主动向顾客征求意见,帮助顾客解决以前并未提出的问题,倾听顾客的抱怨、建议。顾客抱怨或投诉不但不是坏事,反而是好事。它不仅能为厂家解决问题提供线索,而且为留住最难以对付的顾客提供了机会;相反,不抱怨不投诉的顾客悄然离去,这才是公司最担心的。通常,顾客关怀能大幅度提高顾客满意度。但顾客关怀不能太频繁,否则会造成顾客反感,适得其反。

榜样的故事：

日本一家企业想扩建厂房，看中了一块近郊土地意欲购买。同时，也有其他几家商社看中了这块地。但这块地的所有者是一位老太太，说什么也不愿意卖。一个下雪天，老太太进城购物，顺便来到这家企业，想告诉企业的负责人死了这份心。老太太脚下的木屐沾满雪水，肮脏不堪。正当老人欲进又退的时候，一位年轻的企业服务人员出现在老人面前说："欢迎光临！"小姐看到老人的窘态，马上回屋想为她找一双拖鞋，不巧拖鞋没有了，小姐立刻把自己的拖鞋脱下来，整齐地放在老人脚下，让老人穿上。等老人换好拖鞋，小姐才问："请问我能为你做些什么？"老太太表示要找企业的负责人木村先生，于是这位小姐小心翼翼地把老太太扶上楼。就在老太太踏进木村办公室的一刹那，她决定把土地卖给这家企业。后来，这位老太太对木村先生说："我也去过其他几家想买地的公司，但他们的接待人员没有一个像你这里的这位小姐对我这么好，她的善良和体贴，很让我感动，也让我改变了主意。"

(6) 顾客的期望值。

顾客的预期越高，顾客达到满意的可能性就相对越少，就对企业在实现顾客预期上提出了更高的要求，反之亦然。

在烈日炎炎的夏日，当你经过一路狂奔，气喘吁吁地在车门关上的最后一刻，登上一辆早已拥挤不堪的公交车时，洋溢在你心里的是庆幸和满足！而在天清气爽的秋日，你悠闲地等了十多分钟，却没有在起点站抢到一个期望之中的座位时，心理也会失落和沮丧！同样的结果——都是搭上没有座位的公交车，却因为过程不同，在你心里的满意度大不一样，这到底是为什么？问题的答案在于你的期望不一样。顾客满意度是一个相对的概念，是顾客期望值与最终获得值之间的匹配程度。顾客的期望值与其付出的成本相关，付出的成本越高，期望值越高。公交车的例子中付出的主要是时间成本。顾客参与程度越高，付出的努力越多，顾客满意度越高。

3. 达到高质量服务的五要素

(1) 向顾客传递积极的态度。

尊重顾客，从仪态、身体语言等方面注意与顾客的沟通方式。从事技术的人员，往往容易忽略这些细节，细节决定成败。

提前做好准备，沟通过程中保持头脑清醒和活力。在和顾客沟通前，做好必要的准备工作，提前考虑顾客的设备可能涉及的各种故障情况。以积极的心态解决顾客的问题。

(2) 分析顾客的需求。

了解顾客需求。从不同的角度调研，有针对性地分析顾客需求。避免在需求的重点方向上的不一致。

技巧性倾听。在和顾客沟通时，要学会倾听，不要急于打断顾客的谈话、也不要急于表现自己，而是中性地倾听、记录。

过程中获得顾客反馈。在倾听、记录的过程中，对于没有听清、或需要进一步展开的内容进行反馈，以全面掌握顾客的需求。

(3)满足顾客的需求。

以令顾客满意为目标,而不是仅仅向顾客提供服务。顾客满意是目标,避免陷入原有需求理解的差异上就事论事的状态。即使出现由于顾客自身需求边界导致的问题,也要从客观现状出发、提出改进意见与策略,并和顾客达成一致。

以顾客需求为本制定目标。目标必须符合需求,这是需求实现过程中的主线。在符合需求边界的基础上可以创造性地对需求进行升华,提升顾客满意度,但要避免画蛇添足的情况、更不要因为其他原因在没有和顾客达成一致的情况下对需求进行选择性裁减。按目标行动,分阶段沟通,避免重复性工作。针对较为复杂的或执行周期较长的需求,可以采取统一规划、分阶段实施、分阶段反馈的策略,以便于阶段性地跟踪、检查,避免返工。

为超出顾客期望,提升更高的满意度,需要了解顾客潜在的期望与需求。站在行业高度、结合其他不同顾客的需求,引导、挖掘顾客潜在需求,提升顾客满意度,以更好地为企业创造价值。

(4)维护顾客利益。

维护顾客企业利益包括:改进对顾客的服务和降低营运成本。通过改进顾客服务,提升顾客行业形象,增进顾客组织效率。帮助顾客降低工作强度、提升顾客企业竞争力,减少重要程序的循环次数。

降低营运成本。解决方案的终极目标,对行业顾客而言,也是开源节流。以自动化的流程,降低运营成本是一个重要方面。解决方案的提供,可以帮助顾客培养专业技术人员,提升顾客操作、维护人员素质,这一点和企业内部的机制是一致的。

维护顾客个人利益包括:与公司内其他部门建立互信。好的解决方案、也有利于顾客建立起其内部部门之间的互信,使顾客在企业内部受到尊重。

取得顾客在这个领域内所欠缺的专业知识。顾客在其自身领域也是在不断地学习及知识积累的过程,高质量的解决方案,能快速弥补顾客在某方面知识的欠缺。

(5)有效的顾客反馈。

顾客反馈是一个校正仪,通过顾客反馈了解怎样才能使顾客真正满意并如何实施。确保反馈的全面性、有效性、确定性,根据反馈,提供更为适当的服务。

4.顾客满意度的监测与追踪

为使企业在市场竞争中保持不败,企业要始终了解顾客的期望与抱怨,建立顾客满意度的监测与追踪体系。顾客满意度的监测与追踪方法主要有顾客投诉与建议处理系统、定期的顾客访问、神秘顾客调查和流失顾客分析。

(1)顾客投诉与建议处理系统。

"以顾客为中心"的企业可以通过建立方便顾客传递他们投诉与建议的信息管理系统来追踪和监测顾客满意度。例如,为顾客提供表格和意见卡来反映他们的意见和建议,企业在营业大厅里设置意见簿,建立和开通"800"免费电话的顾客热线。从而最大限度地收集顾客的建议或者意见,为企业制定提高顾客满意度的措施提供信息和决策依据。

(2)定期的顾客访问。

对于一个致力于提高顾客满意度的企业来说,仅仅发展接收抱怨与建议系统是远远不够的,因为企业不能用抱怨程度来衡量顾客满意程度。敏感的公司应该主动定期拜访顾客,获得有关顾客满意度的直接衡量指标。企业可以在现有的顾客中随机抽取样本,向其发送问卷或电话询问,以了解顾客对企业业绩等各方面的印象,企业还可以向顾客征求对竞争对手的看法等。

(3)神秘顾客调查。

企业收集顾客满意情况的另一个有效途径是花钱雇人装扮成顾客,以报告他们在购买公司及其竞争对手产品的过程中所发现的优点和缺点。这些神秘顾客甚至可以故意提出一些问题,以测试公司的销售人员能否会适当处理。由于被检查或需要被评定的对象无法确认"神秘顾客",较之领导定期或不定期的检查,能够更客观、系统地反映出目标对象的真实状况。

公司不仅应该雇用"神秘顾客",管理人员也应该经常走出他们的办公室,进入他们不熟悉的公司以及竞争者的实际销售环境,亲身体验作为"顾客"所受到的待遇。经理们也可以采用另一种方法,他们可以打电话给自己的公司,提出各种不同的问题和抱怨,看他们的雇员如何处理这样的电话。

例如,新加坡航空公司就应用这种方法,让公司职员有时装成乘客检查飞行服务,以掌握机组人员的工作表现。第一个把快餐带进中国的罗杰斯快餐店总经理王大东先生认为罗杰斯设"神秘顾客"的原因是为了让他们客观地评价餐饮做得是否足够好,而这些"神秘顾客"打的分数和餐厅员工的奖金等是直接挂钩的。

(4)流失顾客分析。

对于那些已停止购买或已转向另一个供应商的顾客,公司应该与其主动接触,了解发生这种情况的原因。例如,IBM每流失一名顾客时,他们会尽一切努力去了解他们在什么地方做错了,是价格定得太高、服务不周到,还是产品性能不可靠等。公司不仅要和那些流失的顾客谈话,还必须控制顾客流失率。从事"流失调查"和控制"顾客流失率"都是十分重要的,因为顾客流失率的上升明显地意味着公司难以使顾客感到满意。

5.提高顾客满意度的有效途径

要真正使顾客对所购商品和服务满意,期待顾客能够在未来继续购买,企业必须切实可行地制定和实施如下关键策略:

(1)塑造"以客为尊"的经营理念。

"以客为尊"的企业经营理念是顾客满意最基本的动力,是引导企业决策、实施企业行为的思想源泉。麦当劳、IBM、海尔、联想等中外企业成功的因素就是它们始终重视顾客,其整体价值观念就是"顾客至上"。

"以客为尊"的经营理念,从其基本内涵上来看,大致有三个层次:"顾客至上""顾客永远是对的""一切为了顾客"。没有了这种经营理念,员工就缺少了求胜求好的上进心,缺乏优秀企业那种同心协力的集体意志。麦当劳的创办人雷·克罗克(Ray Kroc)曾用简单的几个字来诠释麦当劳的经营理念:"品质、服务、整洁、价值"。有明确的且为全体员工接受的目标,企业才能充满活力,真正地为顾客服务。

(2)树立企业良好的市场形象。

企业形象是企业被公众感知后形成的综合印象。产品和服务是构成企业形象的主要因素,还有一些因素不是顾客直接需要的但却影响顾客的购买行为,如企业的购物环境、服务态度、承诺保证、品牌知名度、号召力等。这就要求企业应该做到：

理念满意，即企业的经营理念带给顾客的心理满足状态。其基本要素包括顾客对企业的经营宗旨质量方针、企业精神、企业文化、服务承诺以及价值观念的满意程度等。

行为满意，即企业的全部运行状况带给顾客的心理清足状态。行为满意包括行为机制满意、行为规则满意、行为模式满意等。

视听满意，即企业具有可视性和可听性的外在形象带给顾客的心理满足状态。所满意包括企业名称、产品名称、品牌标志、企业口号、广告、服务承诺、企业的形象、员工的形象、员工的举止、礼貌用语、企业的环境等给人的视觉和听觉带来的美感和亲近感。

（3）开发令顾客满意的产品。

产品价值是顾客购买的总价值中最主要的部分，是总价值构成中比重最大的因素。顾客的购买行为首先是冲着商品来的，冲着商品的实用性和满意程度来的，也就是冲着商品的价值来的。这就要求企业的全部经营活动都要以满足顾客的需要为出发点，把顾客需求作为企业开发产品的源头。因此，企业必须熟悉顾客，了解顾客，要调查顾客现实和潜在的要求，分析顾客购买的动机、行为、能力和水平，研究顾客的消费传统、习惯、兴趣和爱好。只有这样，企业才能科学地顺应顾客的需求走向，确定产品的开发方向。

（4）提供顾客满意的服务。

热情、真诚为顾客着想的服务能带来顾客的满意，所以企业要从不断完善服务系统、以方便顾客为原则，用产品特有的魅力和一切为顾客着想的体贴等方面去感动顾客。售中和售后服务是商家接近顾客最直接的途径，它比通过发布市场调查问卷来倾听消费者呼声的方法更加有效。在现代社会环境下，顾客也绝对不会满足于产品本身有限的使用价值，还希望企业提供更便利的销售服务，如方便漂亮的包装，良好的购物环境，热情的服务态度，文明的服务语言和服务行为，信息全面的广告、咨询，快捷的运输服务，以及使用中的维修等，服务越完善，企业就越受欢迎，顾客的满意度也就越高。

（5）科学地倾听顾客意见。

现代企业实施顾客满意战略，必须建立一套顾客满意分析处理系统，用科学的方法和手段检测顾客对企业产品和服务的满意程度，及时反馈给企业管理层，为企业不断改进工作、及时地满足顾客的需要服务。

目前，很多国际知名企业都试图利用先进的传播系统来缩短与消费者之间的距离。一些企业建立了顾客之声计划，收集反映顾客的想法、需求的数据，包括投诉、评论、意见、观点等。日本的花王公司可以在极短的时间内将顾客的意见或问题系统地输入计算机，以便为企业决策服务。据美国的一项调查，成功的技术革新和民用产品，有60%~80%来自用户的建议。美国的宝洁日用化学产品公司首创了顾客免费服务电话，顾客向公司打进有关产品问题的电话时一律免费，不但个个给予答复，而且将问题进行整理与分析研究。这家公司的许多产品改进设想正是来源于顾客免费服务电话。

（6）加强顾客沟通与顾客关怀。

企业要完善沟通组织、人员、制度，保证渠道畅通、反应快速。企业要定期开展顾客关怀活动，特别当顾客刚刚购买产品，或到了产品使用年限，或使用环境发生变化时，厂家的及时感谢、提醒、咨询和征求意见往往能达到让顾客非常满意的效果。为了加强与顾客的沟通，企业要建立顾客数据库。顾客数据库是进行顾客服务、顾客关怀顾客调查的基础。要努力使顾客数据库从无到有，逐步完整、全面；否则，顾客满意无从谈起。企业还要关注顾客感受。有许多被公认的优秀的企业(如亚马逊公司)都尽可能收集日常与顾客间的联络信息，了解顾客关系中的哪个环节出现了问题，找出问题的根源并系统地依据事实进行解决。

(7)控制顾客的期望值。

影响顾客期望值的因素包括：企业的广告宣传、口碑、客户价值观、客户背景、竞争环境、媒体信息、客户年龄、之前对该公司的体验、之前对其他公司的体验。每一种因素的变化都会导致客户期望值的变化。这种信息源的多样性，导致了客户期望值的不确定性。优秀销售顾问通常通过销售推介、日常交流等方式适当地为客户调整期望值，达到双方认可的水平，从而达成"双赢"。

在控制顾客期望值时，要征得顾客的谅解与支持，将彼此的关系调整到双方都能够接受的程度。当客户由于期望值偏差提出过高的要求时，销售人员要主动为顾客进行分析，例如：产品本身已经具备的功能、附加功能会增加额外成本、影响其他功能等。如果顾客决意购买某种产品或服务，销售人员一定要进行有效沟通，坦诚告知顾客哪些期望能够得到满足，哪些期望不能得到满足。

6.提升汽车销售满意度的方法措施

(1)建设一流的服务设施。

现在一些公司展厅进行大规模的改建、扩建，向星级服务店发展，新建店以五星级店标准建设，厂家在这方面也进行了有效的监控，达不到星级店标准的不给授权，这是改善服务环境的有效措施之一。新展厅特别重视顾客的感受，特别是会谈室、客户休息室的建设体现了星级酒店的服务标准，让客户感觉非常好，有宾至如归的感觉。

(2)做好售前PDI检查，把好产品关。

做好PDI检查(车辆在交客户手中前，对车辆进行全面检查并调整到正常状态)，把好最后一道关，杜绝将有问题的车辆销售给消费者，提高产品在消费者心中的美誉度，好的产品是提升客户满意度的基础。

(3)提供个性化服务。

解决顾客在购买过程中所有需要解决的问题，增加附加和超额购买的可能性。比如：及时回复顾客要求，满足特殊需求；顾客要求的上门服务项目要及时派人；提供方便快捷的"一站式"服务；以及代办保险、代缴购置税、代上牌照等方便顾客的服务内容。

(4)用心服务。

树立一切以客户的需求为出发点、以客户为中心的服务理念。销售顾问要起到客户购车的参谋作用，严格执行销售流程，从顾客的购买动机出发，车辆必须满足其基本需求。

(5)培养高素质的员工队伍。

①保持正确的心态，首先要有一颗为顾客服务的心，以诚待人；其次销售顾问所扮演的角色是顾客的咨询顾问，是顾客的伙伴或朋友，有责任站在顾客的立场，从专业角度为顾客着想，顾客就是上帝。②加强培训，不断提高专业技能，提高营销技能。③礼仪、礼貌的加强训练，永远保持良好的服务形象，成为职业习惯。④个人修养的提高，人际关系技能的培养。

（6）良好的激励机制。

应该制定出合理的奖惩制度，做到奖罚分明。不能只为老板的利益考虑，也应该更多考虑员工的切身利益，只有合理的激励机制才能激发员工的激情、提高工作效率更好地为客户服务。

（7）完善的监控制度是关键。

①公司制定的管理制度是追求品质的统一标准，认真执行规章制度是保证服务品质的有力措施。②各部门职能的划分与分工协作，密不可分，注意相互沟通与协作。③便于执行的严格的监控制度。这是保证员工提高服务的关键制度。

7. 从顾客满意到顾客忠诚

企业实施顾客满意的战略目标不仅仅是使顾客获得满意感，而应以培育和提高顾客忠诚为目标。

新车一对一拜访

如何有效举行店头活动

美国一位公司总裁说："我们的兴趣不仅仅在于让顾客获得满意感，我们要挖掘那些顾客认为能增进我们之间关系的有价值的东西。"在企业与顾客建立长期伙伴关系的过程中，企业向顾客提供符合甚至超过其期望的"让渡价值"，使顾客在每一次的购买过程和购后体验中都能获得满意；一次次的满意增强了顾客对企业的信任，那么顾客就会以重购、忠诚回报企业，从而使企业能够获得长期的盈利与发展。

因此，顾客满意仅仅是上了第一个台阶，培育顾客忠诚才是企业实施顾客满意的核心目标。而顾客满意是促进顾客忠诚的基础，如果一个企业不能使顾客感到满意，那么顾客忠诚就无从谈起了。

营销专家詹姆斯·赫斯克特（James Heskett）认为，在利润、成长性、顾客忠诚、顾客满意、提供给顾客的产品和服务价值与员工能力、满意、忠诚及效率之间存在着直接相关关系。企业获利能力的强弱主要是由顾客忠诚决定的；顾客忠诚是由顾客满意决定的，顾客满意是由顾客认为所获得的价值大小决定的；价值大小最终要靠富有效率、对企业忠诚的员工来创造；而员工对企业的忠诚取决于其对企业是否满意；满意与否主要应视企业内部是否给予了员工高质量的服务。

顾客满意是由其所获得的价值决定的。顾客获得的价值可以通过比较获得价值所付出的总成本与得到的总收益来衡量。顾客所获得的总收益是指顾客购买某一产品或服务所获得的全部利益，它包括产品价值、服务价值、人员价值和形象价值等。顾客总成本是顾客为购买某一产品所耗费的时间、精力、体力，以及所交付的资金等。

对于任何企业而言，顾客满意是至关重要的，只有让顾客满意，企业才能生存；只有满意的顾客持续产生购买行为，成为忠诚顾客，企业才能实现发展的可持续性。如果顾客对于企业所提供的产品和服务满意，在经历了几次购买之后，顾客的忠诚度就会随之提高。

顾客忠诚促使企业获利能力的增强。忠诚的顾客所提供的销售收入和利润占据了企业销售收入和利润总额的很高比例。

有些公司发现其最忠诚的顾客（所有顾客中的前20%）不仅创造了公司的全部利润，而且弥补了忠诚度较差的顾客给公司带来的损失。另外，忠诚顾客每增加5%，所产生的利润增幅可达到25%~85%。可以说，忠诚顾客的多少在很大程度上决定了市场份额的"质量"，它比以实际顾客多少来衡量的市场份额的"规模"更有意义。

8.顾客忠诚度的营销价值

高度忠诚的顾客是企业最宝贵的财富。企业开展顾客忠诚的培育工作,具有十分重要的营销价值。

顾客重复购买将会增加企业的收入,而且老顾客保持的时间越长,购买量就越大,企业所获得的利润就越多。研究表明,争取一位新顾客的成本大约比维持老顾客的成本多5倍,而且在成熟的、竞争性强的市场中,企业争取到新顾客的困难就更大。企业一旦建立起顾客忠诚,其销售成本将大大降低。

老顾客若是对企业的产品和服务十分满意,则很有可能向周围人群如亲戚、朋友、邻居、同事等广为宣传,使企业拥有更多的客户。由于顾客的"口碑效应",老顾客会推荐其他人购买,从而为企业带来更多的新客户。研究表明,一个不满意的顾客会影响25个人的购买意愿;而一个满意的顾客会引发8笔潜在的生意,其中至少有一笔会成交。企业服务于熟悉的、有丰富消费经验的忠诚顾客更有效率、更经济。

顾客忠诚度和企业经济效益的提高有助于改善员工的工作条件,提高其满意度,员工忠诚也随之提高,进而可以提高工作效率,降低招聘和培训费用,减少员工流失所造成的损失,又进一步使总成本降低。这就是强化顾客忠诚而形成的良性循环。

9.培育顾客忠诚

市场竞争就是顾客竞争,争取和保持顾客是企业生存和发展的保证。企业既要不断争取新顾客,开辟新市场,提高市场占有率,又要努力维护现有顾客,稳定市场占有率。然而,在企业的实际经营运作中,往往一方面大批新顾客源源而来,另一方面许多现有顾客悄然而去,这就是营销界所称的"漏桶"现象。据统计,企业每年要流失10%~30%的顾客,平均每5年要流失一半的顾客。企业要防止顾客流失,堵住"漏桶",就要充分认识忠诚顾客的价值,积极培育忠诚顾客群体。

任务7.2 顾客异议处理

7.2.1 任务引入

从顾客接待、顾客需求咨询及分析、车辆的展示与介绍、试乘试驾、报价议价、签约成交到新车交付的每一个销售步骤,顾客都有可能提出异议;愈是懂得异议处理的技巧,愈能冷静、坦然地化解顾客的异议,每化解一个异议,就摒除你与顾客一个障碍,你就愈接近一步。请牢记:销售是从顾客的拒绝开始,顾客满意和顾客忠诚是我们的目标。

7.2.2 任务目标

1.职业目标

(1)理解异议的产生不可避免,知道正确处理客户异议的意义。

(2)掌握处理客户异议的方法,能结合企业场景处理客户异议。

2.素质目标

(1)培养换位思考的意识、客户导向意识。

客户异议处理

(2)培养耐心解答客户异议的优良思想品质。

7.2.3 相关知识

1.顾客异议的含义

顾客异议是指销售过程中顾客对推销品、推销人员、推销方式和交易条件发出的怀疑、抱怨,提出意见,否定或拒绝的反应。

例如,你要去拜访顾客,顾客说没时间;你询问顾客需求时,顾客隐藏了真正的动机;你向他解说产品时,他带着不以为然的表情……这些都称为异议,如图7-4所示。

图7-4 顾客异议的含义

2.异议的产生不可避免

实际上,在汽车销售的过程中,顾客有异议是很正常的。

当顾客提出异议的时候,根据顾客提出来的一些问题,可以分析出这个顾客的购买意愿,性格特征。

3.顾客异议处理的意义

多数新加入销售行列的销售顾问们,对异议都抱着负面的看法,对太多的异议感到挫折与恐惧,但是对一位有经验的销售顾问而言,他却能从另外一个角度来体会异议,揭露出另一层含意。

从顾客提出的异议,让你能判断顾客是否有真的需要产品。

从顾客提出的异议,让你能了解顾客对你的建议接受的程度,而能迅速修正你的销售战术。

顾客提出的异议,让你能获得更多的讯息。

"异议"的这层意义,是"销售是从顾客的拒绝开始"的最好印证,现在拒绝你并不代表永远拒绝你。

销售小课堂:

销售顾问小王这个月车辆销售业绩很好,但是某天一位新车主却到店里来找小王,说明自己的新车有问题,车辆还没开多久,就有异响。小王正为自己的销售业绩而沾沾自喜,认为客户是无理取闹,便没有搭理他。新车主见状便投诉到销售经理那里,销售经理在安抚车主情绪后,便找小王谈话。

小王的做法是不对的,虽然新车销售结束了,但服务永远没有结束,而且老车主介绍新客户的比例很高,更应该服务好。面对客户提出的异议,应采用正确的处理原则进行,不能置之不理。

7.2.4 任务实施

1.异议的类型

(1)顾客异议根据性质划分真实的异议和虚假异议。

①真实的异议。

顾客表达目前没有需要或对产品不满意或对产品抱有偏见,例如:从朋友处听到你的产品容易出故障。

②虚假的异议。

虚假的异议指顾客并不把真正的异议提出，而是提出各种真的异议或假的异议，目的是要借此假象达成隐藏异议解决的有利环境，例如顾客希望降价，但却提出其他如品质、外观、颜色等异议，以降低产品的价值，从而达到降价的目的。

(2)顾客异议根据内容划分需求异议、财力异议、权力异议、产品异议、营销员异议、货源异议和购买时间异议。

①需求异议。需求异议是指顾客认为不需要产品而形成的一种反对意见。它往往是在销售顾问向顾客介绍产品之后，顾客当面拒绝的反应。例如，一位顾客提出"我们根本不需要它。""这种产品我们用不上。""我们已经有了"等等。这类异议有真有假。真实的需求异议是成交的直接障碍。销售顾问如果发现顾客真的不需要产品，那就应该立即停止营销。虚假的需求异议既可表现为顾客拒绝的一种借口，也可表现为顾客没有认识或不能认识自己的需求。销售顾问应认真判断顾客需求异议的真伪性，对虚假需求异议的顾客，设法让他觉得推销产品提供的利益和服务，符合顾客的需求，使之动心，再进行营销。

②财力异议。财力异议是指顾客认为缺乏货币支付能力的异议。例如，"产品不错，可惜无钱购买。""近来资金周转困难，不能进货了"等等。一般来说，对于顾客的支付能力，销售顾问在寻找顾客的阶段已进行过严格审查，因而在营销中能够准确辨认真伪。真实的财力异议处置较为复杂，销售顾问可根据具体情况，或协助对方解决支付能力问题，如答应赊销、延期付款等，或通过说服使顾客觉得购买机会难得而负债购买。对于作为借口的异议，销售顾问应该在了解真实原因后再作处理。

③权力异议。权力异议是指顾客以缺乏购买决策权为理由而提出的一种反对意见。例如，"做不了主。""领导不在。"等等。与需求异议和财力异议一样，权力异议也有真实或虚假之分。销售顾问在进行寻找目标顾客时，就已经对顾客的购买人格和决策权力状况进行过认真的分析，也已经找准了决策人。面对没有购买权力的顾客极力推销商品是营销工作的严重失误，是无效营销。在决策人以无决定权作借口拒绝销售顾问及其产品时，放弃营销更是营销工作的失误，是无力营销。销售顾问必须根据自己掌握的有关情况对权力异议进行认真分析和妥善处理。

④价格异议。价格异议是指顾客以推销产品价格过高而拒绝购买的异议。例如，"太贵了，我买不起。""我想买一种便宜点的型号。""我不打算投资那么多，我只使用很短时间。""在这些方面你们的价格不合理。"以及"我想等降价再买。"当顾客提出价格异议，表明他对推销产品有购买意向，只是对产品价格不满意，而进行讨价还价。当然，也不排除以价格高为拒绝营销的借口。在实际营销工作中，价格异议是最常见的，销售顾问如果无法处理这类异议，营销就难以达成交易。

⑤产品异议。产品异议是指顾客认为产品本身不能满足自己的需要而形成的一种反对意见。例如，"我不喜欢这种颜色。""这个产品造型太古板。""新产品质量都不太稳定。"还有对产品的设计、功能、结构、样式、型号等提出异议。产品异议表明顾客对产品有一定的认识，但了解还不够，担心这种产品能否真正满足自己的需要。因此，虽

然有比较充分的购买条件,就是不愿意购买。面对这种情况,销售顾问一定要充分掌握产品知识,能够准确、详细地向顾客介绍产品的使用价值及其利益,从而消除顾客的异议。

⑥销售顾问异议。销售顾问异议是指顾客认为不应该向某个销售顾问购买推销产品的异议。有些顾客不肯买推销产品,只是因为对某个销售顾问有异议,他不喜欢这个销售顾问,不愿让其接近,也排斥此销售顾问的建议。但顾客肯接受自认为合适的其他销售顾问。比如:"我要买老王的。""对不起,请贵公司另派一名销售顾问来"等等。销售顾问对顾客应以诚相待,与顾客多进行感情交流,做顾客的知心朋友,消除异议,争取顾客的谅解和合作。

⑦货源异议。货源异议是指顾客认为不应该向有关公司的销售顾问购买产品的一种反对意见。例如:"我用的是某某公司的产品""我们有固定的进货渠道。""买国有企业的商品才放心"等等。顾客提出货源异议,表明顾客愿意购买产品,只是不愿向眼下这位货源异议销售顾问及其所代表的公司购买。当然,有些顾客是利用货源异议来与销售顾问讨价还价,甚至利用货源异议来拒绝销售顾问的接近。因此,销售顾问应认真分析货源异议的真正原因,利用恰当的方法来处理货源异议。

⑧购买时间异议。由于营销的环境、顾客及营销方法等不同,导致顾客表示异议的时间也不相同。一般来说,顾客表示异议的时间有以下几种:

首次会面。销售顾问应预料到顾客开始就有可能拒绝安排见面时间。如果这个顾客非常具备潜在顾客的条件,销售顾问应事先做好心理准备,想办法说服顾客。

产品介绍阶段。在这一阶段,顾客很可能提出各种各样的质疑和问题。事实上,销售顾问正是通过顾客的提问去了解顾客的兴趣和需求所在。如果顾客在营销介绍的整个过程中一言不发、毫无反应,销售顾问反而很难判断介绍的效果了。中国有句古话:"贬货者才是真正的买主。"提出疑问,往往是购买的前兆。

营销结束(试图成交)阶段。顾客的异议最有可能在销售顾问试图成交时提出。在这一阶段,如何有效地处理顾客的异议显得尤为重要。如果销售顾问只在前面两个阶段圆满地消除了顾客的异议,而在最后关头却不能说服顾客,那一切的努力都将付之东流。

为了避免在成交阶段出现过多的异议,销售顾问应该在准备营销介绍时就主动回答顾客有可能提出的异议,为成交打下基础。如果在试图成交阶段顾客的异议接二连三,就说明在前面营销介绍阶段存在的漏洞太大。

购买时间异议是指顾客有意拖延购买时间的异议。顾客总是不愿马上做出决定。事实上,许多顾客用拖延来代替说"不"。销售顾问经常听到顾客说"让我再想一想,过几天答复你。""我们需要研究研究,有消息再通知你。"以及"把材料留下,以后答复你。"等等。这些拒绝意味着顾客还没有完全下定决心,拖延的真正原因,可能是因为价格、产品或其他方面不合适。有些顾客还利用购买时间异议来拒绝销售顾问的接近和面谈。因此,销售顾问要具体分析,有的放矢,认真处理。

处理顾客异议,首先要分析异议是属于那种类型的,再从具体情况出发,了解顾客的兴趣和需要。

2. 顾客异议的两面性

对销售而言,可怕的不是异议而是没有异议,不提任何意见的顾客通常是最令人头疼的顾客。因为顾客的异议具有两面性:既是成交障碍,也是成交信号。我国一句经商格言"褒贬是买主,无声是闲人"说的就是这个道理。

有异议表明顾客对产品感兴趣,有异议意味着有成交的希望。销售顾问通过对顾客异议的分析可以了解对方的心理,知道他为何不买,从而按病施方,对症下药,而对顾客异议的满意答复,则有助于交易的成功。日本一位推销专家说得好:"从事销售活动的人可以说是与'拒绝'打交道的人,战胜'拒绝'的人,才是销售成功的人。"

3. 处理异议的原则

(1) 事前做好准备。

"不打无准备之仗",是销售顾问战胜顾客异议应遵循的一个基本原则。

销售顾问在走进公司大门之前就要将顾客可能会提出的各种拒绝列出来,然后考虑一个完善的答复。面对顾客的拒绝事前有准备就可以胸中有数,以从容应对;事前无准备,就可能惊慌失措,不知所措;或是不能给顾客一个圆满的答复,说服顾客。有些企业专门组织专家收集顾客异议并制订出标准应答语,要求销售顾问记住并熟练运用。

编制标准应答语是一种比较好的方法。具体程序是:

步骤1:把销售顾问每天遇到的顾客异议写下来;

步骤2:进行分类统计,依照每一异议出现的次数多少排列出顺序,出现频率最高的异议排在前面;

步骤3:以集体讨论方式编制适当的应答语,并编写整理成文章;

步骤4:大家都要记熟;

步骤5:由老销售顾问扮演顾客,大家轮流练习标准应答语;

步骤6:对练习过程中发现的不足,通过讨论进行修改和提高;

步骤7:对修改过的应答语进行再练习,并最后定稿备用。最好是印成小册子发给销售顾问,以供随时翻阅,达到运用自如、脱口而出的程度。

(2) 选择恰当的时机。

美国通过对几千名销售顾问的研究,发现好的销售顾问所遇到的顾客严重反对的机会只是差的销售顾问的十分之一。这是因为,优秀的销售顾问,对顾客提出的异议不仅能给予一个比较圆满的答复,而且能选择恰当的时机进行答复。懂得在何时回答顾客异议的销售顾问会取得更大的成绩。销售顾问对顾客异议答复的时机选择有四种情况:

①在顾客异议尚未提出时解答。

防患于未然,是消除顾客异议的最好方法。销售顾问觉察到顾客会提出某种异议,最好在顾客提出之前,就主动提出来并给予解释,这样可使销售顾问争取主动,先发制人,从而避免因纠正顾客看法,或反驳顾客的意见而引起不快。

销售顾问完全有可能预先揣摩到顾客异议并抢先处理的,因为顾客异议的发生有一定的规律性,如销售顾问谈论产品的优点时,顾客很可能会从最差的方面去琢磨问题。有时顾客没有提出异议,但他们的表情、动作以及谈话的用词和声调却可能有所流露,销售顾问觉察到这种变化,就可以抢先解答。

②异议提出后立即回答。

绝大多数异议需要立即回答。这样,既可以促使顾客购买,又是对顾客的尊重。

③过一段时间再回答。

以下异议需要销售顾问暂时保持沉默。异议显得模棱两可、含糊其词、让人费解;异议显然站不住脚、不攻自破;异议不是三言两语可以辩解得了的;异议超过了销售顾问的议论和能力水平;异议涉及较深的专业知识,解释不易为顾客马上理解,等等。急于回答顾客此类异议是不明智的。与其仓促错答十题,不如从容地答对一题。

④不回答。许多异议不需要回答,如无法回答的奇谈怪论;容易造成争论的话题;可一笑置之的戏言;异议具有不可辩驳的正确性;明知故问的发难等等。销售顾问不回答时可采取以下技巧,沉默;装作没听见,按自己的思路说下去;答非所问,悄悄扭转对方的话题;插科打诨幽默一番,最后不了了之。

(3)争辩是销售的第一大忌。

不管顾客如何批评我们,销售顾问永远不要与顾客争辩,因为,争辩不是说服顾客的好方法,"您无法凭争辩去说服一个人喜欢啤酒。"与顾客争辩,失败的永远是销售顾问。一句销售行话是:"占争论的便宜越多,吃销售的亏越大"。

(4)销售顾问要给顾客留"面子"。

销售顾问要尊重顾客的意见。顾客的意见无论是对是错、是深刻还是幼稚,销售顾问都不能表现出轻视的样子,如不耐烦、轻蔑、走神、东张西望、绷着脸、耷拉着头等。销售顾问要双眼正视顾客,面部略带微笑,表现出全神贯注的样子。并且,销售顾问不能语气生硬地对顾客说:"您错了""连这您也不懂";也不能显得比顾客知道得更多:"让我给您解释一下……""您没搞懂我说的意思,我是说……"。这些说法明显地抬高了自己,贬低了顾客,会挫伤顾客的自尊心。

4. 处理顾客异议的方法

一般处理顾客异议可以采用四部曲:认同理解+中立化+探询+说明,见表7-1。

处理顾客异议的四部曲　　　　　　　　　　表7-1

怎 么 做	目 的	怎 么 说
1. 认同理解客户 2. 销售顾问中立化 3. 探询顾客异议来源和真实目的 4. 采取应对措施	1. 为后续谈话的进行铺垫 2. 销售顾问站在中间立场更能够使客户信服 3. 区分清楚客户是为了压价还是真实顾虑 4. 打消客户的疑虑	1. 先生,您有这样的想法,您这个心情我完全能够理解 2. 我要是您,我在选择大件商品的时候也会有这种想法的 3. 看您其实也蛮喜欢这部车的,我也觉得这部车非常适合您。您还在担心些什么呢? 4. 针对客户的异议,站在客户的角度作出解答

顾客异议处理的方法还有下面12种,我们可以根据具体情况选择具体方法:

(1)转折处理法。

转折处理法,是推销工作的常用方法,即销售顾问根据有关事实和理由来间接否定顾客的意见。应用这种方法是首先承认顾客的看法有一定道理,也就是向顾客作出一定让步,然后再讲出自己的看法。此法一旦使用不当,可能会使顾客提出更多的意见。在使用过程中要尽量少地使用"但是"一词,而实际交谈中却包含着"但是"的意见,这样效果会更好。

(2)转化处理法。

转化处理法,是利用顾客的反对意见自身来处理。顾客的反对意见是有双重属性的,它既是交易的障碍,同时又是一次交易机会。销售顾问要是能利用其积极因素去抵消其消极因素,未尝不是一件好事。

这种方法是直接利用顾客的反对意见,转化为肯定意见,但应用这种技巧时一定要讲究礼仪,而不能伤害顾客的感情。此法一般不适用于与成交有关的或敏感性的反对意见。

(3)以优补劣法。

以优补劣法,又叫补偿法。如果顾客的反对意见的确切中了产品或公司所提供的服务中的缺陷,千万不可以回避或直接否定。明智的方法是肯定有关缺点,然后淡化处理,利用产品的优点来补偿甚至抵消这些缺点。这样有利于使顾客的心理达到一定程度的平衡,有利于使顾客作出购买决策。

世界上没有十全十美的产品,当然要求产品的优点愈多愈好,但真正影响顾客购买与否的关键点其实不多,补偿法能有效地弥补产品本身的弱点。

补偿法的运用范围非常广泛,效果也很有实际。

例如艾维士一句有名的广告"我们是第二位,因此我们更努力!"这也是一种补偿法。

(4)委婉处理法。

销售顾问在没有考虑好如何答复顾客的反对意见时,不妨先用委婉的语气把对方的反对意见重复一遍,或用自己的话复述一遍,这样可以削弱对方的气势。有时转换一种说法会使问题容易回答得多。但只能减弱而不能改变顾客的看法,否则顾客会认为你歪曲他的意见而产生不满。销售顾问可以在复述之后问一下:"你认为这种说法确切吗?"然后再继续下文,以求得顾客的认可。比如顾客抱怨"价格比去年高多了,怎么涨幅这么高。"销售顾问可以这样说:"是啊,价格比起前一年确实高了一些。"然后再等顾客的下文。

(5)合并意见法。

合并意见法,是将顾客的几种意见汇总成一个意见,或者把顾客的反对意见集中在一个时间讨论。总之,是要起到削弱反对意见对顾客所产生的影响。但要注意不要在一个反对意见上纠缠不清,因为人们的思维有连带性,往往会由一个意见派生出许多反对意见。摆脱的办法,是在回答了顾客的反对意见后马上把话题转移开。

(6)反驳法。

反驳法,是指销售顾问根据事实直接否定顾客异议的处理方法。理论上讲,这种方法应该尽量避免。直接反驳对方容易使气氛僵化而不友好,使顾客产生敌对心理,不利于顾客接纳销售顾问的意见。但如果顾客的反对意见是产生于对产品的误解,而你手头上的资料可以帮助你说明问题时,你不妨直言不讳。但要注意态度一定要友好而温和,最好是引经据典,这样才有说服力,同时又可以让顾客感到你的专业,从而增强顾客对产品的信心。

(7)冷处理法。

对于顾客一些不影响成交的反对意见,销售顾问最好不要反驳,采用不理睬的方法是最佳的。千万不能顾客一有反对意见,就反驳或以其他方法处理,那样就会给顾客造成你总在挑他毛病的印象。当顾客抱怨你的公司或同行时,对于这类无关成交的问题,都不予理睬,转而谈你要说的问题。

顾客说:"啊,你原来是××公司的销售顾问,你们公司周围的环境可真差,交通也不方便呀!"尽管事实未如此,也不要争辩。你可以说:"先生,请您看看产品……"

推销专家认为,在实际推销过程中80%的反对意见都应该冷处理。但这种方法也存在不足,不理睬顾客的反对意见,会引起某些顾客的注意,使顾客产生反感。且有些反对意见与顾客购买关系重大,销售顾问把握不准,不予理睬,有碍成交,甚至失去推销机会。因此,利用这种方法时必须谨慎。

(8)强调利益法。

这种方法是指,销售顾问通过反复强调产品能给顾客带来的利益的方法来化解顾客的异议。适用于具有某种缺点又能为顾客带来某种突出利益的产品。

(9)比较优势法。

这种方法是指,销售顾问将自己的产品与竞争产品相比较,从而突出自己产品的优势来处理顾客的异议。

(10)价格对比法。

这种方法是指,顾客提出相关价格异议时,销售顾问进行横向或纵向的对比来化解顾客的异议。

(11)价格分解法。

这种方法是当顾客提出有关价格的异议时,销售顾问可以化解计量单位,以此来改变顾客的错误看法,以化解顾客异议的方法。

(12)反问法。

这种方法是指,销售顾问对顾客的异议提出反问来化解顾客异议。常用于销售顾问不了解顾客异议的真实内涵,即不知是虚假异议还是真实异议时,进行主动了解顾客心理的一种策略。采取反问法时,应注意销售利益和保持良好的销售气氛。

任务7.3 顾客投诉处理

职场工作规范案例:

张先生新买了辆汽车,没开多久就出现了发动机容易熄火的问题。他向4S店抱怨"刚买不久的车就这么糟!"销售顾问是这么回答的:"我们满怀热情地把这款车介绍给您,也希望您享受到高质量的生活。既然出现了这样的问题,我们当然会负责,真的非常抱歉!找个方便的时间来我们厂好好检查一下吧,我陪您一起去,您看什么时候方便呢?"

张先生听到销售顾问这么说,气也就消了,说:"好吧,我明天去你们维修厂看看。"

7.3.1 任务引入

顾客投诉是每一个企业都会遇到的问题,它是顾客对企业管理和服务不满的表达方式,也是企业有价值的信息来源,它为企业创造了许多机会。因此,如何利用处理顾客投诉的时机来赢得顾客的信任,把顾客的不满转化顾客满意,锁定他们对企业和产品的忠诚,获得竞争优势,已成为企业营销实践的重要内容之一。

在实际销售过程中,销售顾问处理顾客投诉是需要一定技巧和方法的,若处理不当可能造成事件的扩大化,给公司造成更大的经济损失或是对公司造成负面的舆论影响;若是处理妥当,不仅可以减少对公司的损失,还可以留住顾客。那么应该怎样处理顾客投诉,才能是对公司的损失最低呢?

7.3.2 任务目标

客户投诉处理

1. 职业目标

(1)理解客户投诉的原因,正确处理客户投诉的意义。

(2)掌握处理客户投诉的方法,能结合企业场景处理客户投诉。

2. 素质目标

(1)培养换位思考的意识、客户导向意识。

(2)树立细节决定成败、防微杜渐的意识,具体问题具体分析的辩证思维。

7.3.3 相关知识

1. 顾客投诉

顾客投诉是指顾客对企业产品质量或服务上的不满意,而提出的书面或口头上的异议、抗议、索赔和要求解决问题等行为。顾客投诉是消费者对商家的产品质量问题,服务态度等各方面的原因,向商家主管部门反映情况,检举问题,并要求得到相应的补偿的一种手段。

2. 投诉的冰山理论

不是所有的顾客在遭遇不好的购物或者服务的经历后就会投诉,特别是在遇到服务问题时,提出投诉的顾客的比例会比遭遇产品质量过失的顾客少,这是因为服务是无形的,对服务传递的过程的评价是非常主观,所以有些顾客会对自己的评价不信任而放弃投诉。只有浮在水面上的部分形成投诉(形成投诉只是很多不满中的一小部分)。如图7-5所示。

3. 处理投诉的基本原则

(1)真心诚意地帮助客户解决问题。

(2)绝不与客户争辩。

(3)不损害公司的利益。

4. 处理投诉的六大技巧

(1)耐心多一点:耐心倾听客户的抱怨,不要轻易打断客户的抱怨和牢骚,更不要批评客户的不足,要鼓励客户倾诉下去。客户的怨气如同气球里空气,当把牢骚发完了,他们就没有怨气了。

(2)态度好一点:客户有抱怨或投诉就是客户表现出对产品或服务不满意,他们觉得过错方在店家,如果在处理过程中态度不友好,会加重他们的不满意,造成关系的进一步恶化。若态度诚恳,礼貌热情,会降低客户的抵触情绪。俗话说"怒者不打笑脸人"。

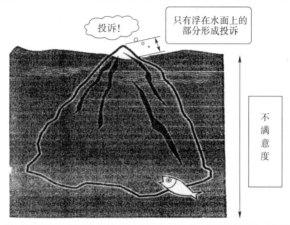

图7-5　投诉的冰山理论

(3)动作快一点:处理投诉和抱怨的动作快,可以有四方面的好处:①让客户感觉到尊重;②表示公司解决问题的诚意;③可以防止客户的负面渲染对企业造成更大的伤害;④可以把损失降低到最少。建议当天给客户一个初步的答复。

(4)语言得体一点:客户对公司不满,在发泄时在言语方面有可能会言语过激,如果和客户针锋相对,势必恶化彼此关系。在解释问题过程中,措辞要十分注意,要合情合理,得体大方。即使客户不对,也不要直接指出,尽量用婉转的语言和客户沟通。

(5)补偿多一点:客户抱怨或投诉,很大程度是因为他们的利益受到了损失,因此,客户希望获得安慰和经济补偿。这种补偿可以是物质上的;也可以是精神上的,如道歉、荣誉等。让客户心满意足是补偿的原则,但也不是大送特送。

(6)层次高一点:客户提出投诉和抱怨后都希望自己的问题受到重视,处理该问题的人员层次会影响客户的期待以及解决问题的情绪。如果高层次的领导能亲自为客户处理或打电话慰问,会化解客户的怨气和不满。

榜样的故事:

美国政治家本杰明·富兰克林年轻时喜欢辩论,尤其是对于别人的错误,更是不能容忍,总是穷追到底。一日,他的一位朋友突然把他拉到一旁,狠狠教训了他一顿,并带给他改变一生的启示。

教训他的内容大致是这样的:"本杰明!你这人真是不可理喻,当你提出与人相左的意见时,措辞总是那么强硬,这种话别人是听不进去的。有朝一日,你的朋友都将远离你而去,不愿意再与你为伍。事实上,你懂的确实很多,别人根本无法辩赢你,但如此一来,没人与你交流,你的知识将止于你的个人所学,不集思广益,最后你会变得非常贫乏空洞。"

富兰克林冷静的地反思了自己的看法为什么常常不能被人接受后,顿悟了。他接受了朋友的训诫,痛定思痛,并开始着手改变自己。

7.3.4 任务实施

1. 解决投诉的意义

(1) 阻止顾客流失。

现代市场竞争的实质就是一场争夺顾客资源的竞争,由于种种原因,企业提供的产品或服务会不可避免地低于顾客期望,造成顾客不满意,顾客投诉是不可避免的。向企业投诉的顾客一方面要寻求公平的解决方案,另一方面说明他们并没有对企业绝望,希望再给企业一次机会,美国运通公司的一位前执行总裁认为:"一位不满意的顾客是一次机遇。"

相关研究进一步发现,50%~70%的投诉顾客,如果投诉得到解决,他们还会再次与公司做生意,如果投诉得到快速解决,这一比重上升到92%。因此,顾客投诉为企业提供了恢复顾客满意的最直接的补救机会,鼓励不满顾客投诉并妥善处理,能够阻止顾客流失。

(2) 减少负面影响。

不满意的顾客不但会终止购买企业的产品或服务,而转向企业的竞争对手,而且还会向他人诉说自己的不满,给企业带来非常不利的口碑传播。据研究发现一个不满意的顾客会把他们的经历告诉至少9名顾客,其中13%的不满顾客会告诉另外的20多个人。研究还表明,公开的攻击会比不公开的攻击获得更多的满足。一位顾客在互联网宣泄自己的不满时写道:"只需要5分钟,我就向数以千计的消费者讲述了自己的遭遇,这就是对厂家最好的报复……"

但是,如果企业能够鼓励顾客在产生不满时,向企业投诉,为顾客们提供直接宣泄机会,使顾客不满和宣泄处于企业控制之下,就能减少顾客找替代性满足和向他人诉说的机会。许多投诉案例表明,顾客投诉如果能够得到迅速、圆满的解决,顾客的满意度就会大幅度提高,顾客大都会比失误发生之前具有更高的忠诚度,不仅如此。这些满意而归的投诉者,有的会成为企业义务宣传者,即通过这些顾客良好的口碑鼓动其他顾客也购买企业产品。

(3) 免费市场信息。

投诉是联系顾客和企业的一条纽带,它能为企业提供许多有益的信息。丹麦的一家咨询公司的主席克洛斯·穆勒(Claus Moller)说:"我们相信顾客的抱怨是珍贵的礼物。我们认为顾客不厌其烦地提出抱怨、投诉,是把我们在服务或产品上的疏忽之处告诉我们"。

如果我们把这些意见和建议汇总成一套行动纲领,就能更好地满足顾客的需求。研究表明,大量的工业品的新产品构思来源于用户需要,顾客投诉一方面有利于纠正企业营销过程中的问题与失误,另一方面还可能反映企业产品和服务所不能满足的顾客需要,仔细研究这些需要,可以帮助企业开拓新市场。

从这个意义上,顾客投诉实际上是常常被企业忽视的一个非常有价值且免费的市场研究信息来源,顾客的投诉往往比顾客的赞美对企业的帮助更大,因为投诉表明企业还能够比现在做得更好。

(4) 预警危机。

一些研究表明,顾客在每4次购买中会有1次不满意,而只有5%以下的不满意顾客会投诉。所以如若将对公司不满的顾客比喻为一座冰山的话,投诉的顾客则仅是冰山一角,不满顾客这个冰山的体积和形状隐藏在表面上看起来平静的海面之下,只有当公司这艘大船撞上冰山后才会显露出来,如果在碰撞之后企业才想到补救,往往为时已晚。所以,企业要珍惜顾客的投诉,正是这些线索为企业发现自身问题提供了可能。

例如,从收到的投诉中发现产品的严重质量问题,而收回产品的行为表面看来损害了企业的短期效益,但是避免了产品可能给顾客带来的重大伤害以及随之而来的严重的企业与顾客纠纷。事实上,很多的企业正是从投诉中提前发现严重的问题,然后进行改善,从而避免了更大的危机。

2. 减少顾客投诉发生的对策

(1) 销售优良的商品。

提供优良而安全的商品给顾客,这是预防顾客投诉的基本条件。

(2) 提供良好的服务。

服务人员素质的高低、技能和态度的好坏,是影响企业服务水准的最重要因素。因此,提供优良的服务首先应从服务人员抓起。第一,开展上岗培训,培训有关服务的技能、知识和态度。第二,举办各种业务竞赛活动,促进服务人员整体服务水平的提高。第三,注意安全。如果顾客在服务场所发生意外并受伤,企业责任是无法推卸的,所以,要注意服务场所的安全工作。

(3) 加强投诉处理的培训。

企业服务人员处理顾客投诉的能力与投诉事件是否得以有效解决有非常大的关系。首先,应在企业员工中树立让顾客完全满意的观念、对员工进行培训,让他们积极去了解企业的运转,企业的业务使命、战略整体目标,明确个人对顾客的态度直接影响企业的形象和最终的利润。其次,员工要掌握工作技术技能和沟通技能,熟练的技术技能是提供顾客满意的产品和服务的前提,如果直接与顾客接触的员工技术不过硬,举止笨拙,这就会影响顾客所感知到的产品和服务的质量,降低顾客的满意度。顾客抱怨管理工作经常与顾客直接打交道,企业内部也需要不同部门人员共同协作,所以掌握一定的沟通技巧对员工也是非常重要的,企业应有计划地对一部分员工,特别是与顾客经常接触的一线员工进行培训。最后,应树立"内部顾客"的观念,企业各部门之间,员工之间要相互协作,上一道工序应把下一道工序当成"内部顾客",一线员工只有得到企业其他人员及部门的支持才能为最终的外部顾客提供优良的产品和服务。

(4) 围绕"顾客完全满意"建设新的企业文化。

顾客投诉管理作为企业内部一项活动,它的有效进行通常需要企业内部所有部门的参与。所以,强调重视顾客需求,以顾客满意为目标的价值取向必须得到企业所有员工的认同,而这种认同必须建立在"以顾客满意为中心"的企业文化中才能获得。

3. 有效处理顾客投诉的对策

任何一个投诉都不是孤立存在的,都可能与企业的结构、流程、研发、销售和服务甚至外部宏观、微观市场环境变化有关。有效处理顾客投诉要做好下面四个方面:

(1) 为顾客投诉提供便利。

企业应该为顾客投诉提供便利条件,鼓励顾客投诉,从而使企业能够重新审视产品、服务、内部资源管理等一系列问题,找出其中的不足,有则改之,无则加勉。

①制定明确的产品和服务标准及补偿措施。企业通过制定产品和服务标准,可以使顾

客明确自己购买的产品,接受的服务是否符合标准,是否可以投诉以及投诉后所得到的补偿。企业执行上述标准的过程中,还能在顾客投诉之前对产品和服务的缺陷采取相应补偿措施。

②引导顾客怎么投诉。企业应在有关宣传资料上详细说明顾客投诉的方法。它包括投诉的步骤、向谁投诉、如何提出意见和要求等,以鼓励和引导顾客向企业投诉。

③方便顾客投诉。企业应尽可能降低顾客投诉的成本,减少其花在投诉上的时间、精力、货币与心理成本,使顾客的投诉变得容易、方便和简捷。

④企业可以设立免费投诉电话或意见箱,建立激励投诉的制度。还可以专门设立投诉基金,实行有奖投诉。

(2)建立处理顾客投诉的机制。

全力解决顾客投诉的关键是要建立起灵活处理顾客投诉的机制,包括:①制定和发展雇员雇佣标准和培训计划。这些标准和培训计划充分考虑了雇员在碰到公司服务或产品使顾客不满意时应试做的善后工作。②制定善后工作的指导方针。目标是达到顾客公平和顾客满意。③去除那些使顾客投诉不方便的障碍,降低顾客投诉的成本,建立有效的反应机制。包括授权给一线员工,使他们有权公司有瑕疵的产品和服务向顾客做出补偿。④维系顾客和产品数据库。包括完备的顾客投诉记录系统。这样公司可以及时传送给解决此问题所涉及的每一个员工,分析顾客投诉的类型和缘由并且相应地调整公司的政策。

(3)处理顾客投诉的主要步骤。

处理顾客投诉的主要步骤如图7-6所示。

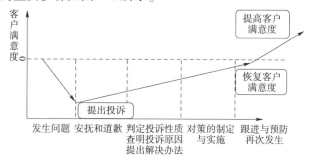

图7-6 处理顾客投诉的主要步骤

①安抚和道歉。不管顾客的心情如何不好,不管顾客在投诉时的态度如何,也不管是谁的过错,企业的服务人员要做的第一件事就应该是平息顾客的情绪,缓解他们的不快,并向顾客表示歉意。公司还得告诉他们,公司将完全负责处理顾客的投诉。并注意以下两点:

a.尽量换一个时间。

b.尽量换一个场所。

②投诉记录。详细地记录顾客投诉的全部内容,包括投诉者、投诉时间、投诉对象、投诉要求。

③判定投诉性质。先确定顾客投诉的类别,再判定顾客投诉理由是否充分,投诉要求是否合理。如投诉不能成立,应迅速答复顾客,婉转说明理由,求得顾客谅解。

④明确投诉处理责任。按照顾客投诉内容分类,确定具体接受单位和受理负责者。属

合同纠纷交企业高层主管裁定;属于运输问题,交货运部门处理;属于质量问题,交质量管理部门处理。

⑤查明投诉原因。调查确认造成顾客投诉的具体原因和具体责任部门及个人。

⑥提出解决办法。参照顾客投诉要求,提出解决投诉的具体方案。

⑦通知顾客。投诉解决办法经批复后,迅速通知顾客。

⑧责任处罚。对造成顾客投诉的直接责任者和部门主管按照有关制度进行处罚,同时对造成顾客投诉得不到及时圆满处理的直接责任者和部门主管进行处罚。

⑨提出改善对策。通过总结评价,吸取教训,提出相应的对策,改善企业的经营管理和业务管理,减少顾客投诉。

⑩跟踪。解决了顾客投诉后,打电话或写信给他们,了解他们是否满意。一定要与顾客保持联系,尽量定期拜访他们。

(4)构建顾客投诉管理系统。

为企业内部环境与外部环境相互作用的交接点,在此基础上设计一个完整的,由若干个相互影响、相互作用的子系统组成的顾客投诉行为管理系统,它由顾客投诉预警系统、投诉行为响应系统、投诉信息分析系统、顾客投诉增值服务系统、内部投诉信息传递系统、人力资源系统以及服务绩效监督系统共同构成。

①顾客投诉预警系统。企业不仅要通过顾客的抱怨和投诉来确定企业产品质量或服务的问题所在,更要主动地查找潜在的失误,即在问题出现前能够预见问题,从而避免发生。

②投诉行为响应系统。一个良好的投诉行为管理系统应该能够提供快速的、个性化的响应。为了达到快速响应目的,公司可以对一线员工进行授权,这是因为一系列的审批程序会放慢反应速度,加大顾客的对立情绪。除了授予员工行动的权利外,公司还必须为员工提供各种指标和参数,以协助员工制定决策。

③投诉信息分析系统。企业不仅要掌握产品和服务质量的变化趋势,及时采取补救和预防措施,防止投诉的再次发生,还必须通过对投诉信息的分析了解顾客需求变化,挖掘顾客潜在需求的宝贵资源。

④投诉增值服务系统。假设顾客第一次购买的产品或服务的实际价值为 $V1$,投诉成本为 C,那么企业第二次满足顾客需求的产品或服务的价值 $V2$ 应当大于(至少等于)$V1+C$,这样才能赢得顾客的满意和信赖。可以说,顾客投诉增值服务系统输入的是顾客投诉,输出的是顾客满意,该系统通过一系列的活动或流程,将顾客的不满意转化为满意。

⑤内部投诉信息传递系统。顾客投诉信息应该在企业内部通过适当的方式沟通,以使投诉处理过程能够得到充分理解和有效执行。

4. 分配任务

每 5 人为一组,选出 1 名组长,组长对小组任务进行分工。组员按组长要求完成相关任务。任务要求见表 7-2,具体任务要求如下:

(1)小组内每人从客户异议类型中选择 5 种进行话术编写,编写后互相提问,可以适当参考给出案例。

【话术举例】

客户问:为什么油耗比使用手册上高出很多?

销售顾问答:对于您的疑问十分理解,使用手册上的百公里油耗是一个理论油耗值,是指在匀速90~120km时速、路况良好时的理论值,在您的实际驾驶过程中,由于驾驶条件与理想中有很大差异性,譬如说,您在城市里使用的路况比较复杂,经常有急刹车、急起步、长时间怠速,加上每个人的开车习惯不同都会很大程度上影响车子的油耗。

【话术举例】

客户问:为什么车辆在使用过程中经常出现异响?

销售顾问答:车辆在行驶过程中,由于路面颠簸,使行李箱,杂物箱中的物品发生碰撞产生异响,同时车内座椅,车外的减振器也会发出一些声音,这些声音都是正常的,不会影响车辆的正常行驶。有必要的话,我们会请您和维修人员一起试车,如果确实是异响的话,您放心,我们一定会全力帮您解决。

(2)组长对小组成员的表现进行评判。

投诉处理的各步骤及角色扮演练习任务及要求 表7-2

角 色	任 务	要 求
扮演销售顾问角色的组员	应基于为销售顾问所提供的信息来准备角色扮演	●了解投诉处理程序。按步骤处理投诉,并执行投诉政策。全面了解客户的感受和情况,并像销售顾问一样提出意见。 ●利用你以前学到的技能。利用"人际关系技巧"
扮演客户角色的组员	应基于为顾客所提供的信息,通过设立条件来准备角色扮演	●强硬的态度:强烈要求改善产品或服务中的不足。坚持你想采用的对策应在短时间内实施完成 ●合理的态度:如果销售顾问的行为得当,则合理地接受
扮演评判角色的人	应利用角色评判表,评判销售顾问在各个阶段的技能	●要客观:从第三者的立场提出意见,无论你自己是否能做到。无论你或他人的经验或年龄如何,都要给出公正的评判。 ●寻找优点:寻找优点并记录。从优点开始谈起。 ●具有建设性:在检查表中记录注意事项,并提出你的意见。采用积极的表达方式,如"如果这一点有改善,就更好了",而不是只采取批评或评价方式

练习与思考

一、填空题

1. 从产生异议的主体进行分类,客户异议包括_____、_____、_____。
2. 正确处理客户异议的原则包括_____、_____、_____。
3. 顾客异议根据性质划分_____、_____。
4. 顾客异议根据内容划分_____、_____、_____、_____、_____。
5. 顾客满意是一种_____,是顾客的需求被满足后形成的愉悦感或状态,是顾客的主观感受。

二、判断题

1. 服务异议是指顾客针对购买前后一系列服务的具体方式、内容等方面提出的异议。
( )

2. 顾客提出所有的异议,销售顾问必须立马解决。( )
3. 顾客自以为不需要销售人员所销售的产品而形成的一种反对意见是需求异议。( )
4. 当客户发生投诉时,销售顾问可以置之不理,认为这是销售经理所处理的事情。( )
5. 价格异议是指顾客以推销产品价格过高而拒绝购买的异议。( )

三、想一想(思政引导)

1. 销售顾问小王在11月拿到了经销公司的销售冠军,12月正是年底冲量的好时机,小王对本月的销售冠军也是志在必得,为了销量,小王也是使出了各种"手段",其中包括对年底公司优惠活动的虚假宣传,虽然小王的成交量上去了,但是许多客户在签订单后感觉自己受骗,找小王提出异议,此时的小王却因诚信问题而不知道如何回复客户。同学们,你们认为小王所作所为对吗?请说明理由。

2. 销售顾问小李因有事调休,将原本自己交车的客户临时交代销售顾问小张接待,小张自己本身事情也比较多,就没太用心进行新车交付环节,事后客户发现新车存在部分问题,找小张解决,小张说车子不是他卖的,客户应该找小李,客户一怒之下找到了销售经理进行投诉。同学们,你们认为小张所作所为对吗?请说明理由。

项目八

新车交付

项目描述

顾客在经历了一系列环节后,终于到了新车交付的时刻,此时顾客的内心是非常喜悦的。但部分销售顾问的心态在此环节却比较放松,认为销售合同已经签订,交付过程好坏无所谓。殊不知,新车交付的好坏间接决定了顾客将来的售后是否选择本店。因此,销售顾问在这个环节中更应该注意顾客的服务,以客户至上为原则,做好新车交付。

任务 8.1 交车前的准备

8.1.1 任务引入

交车前准备是指销售顾问充分把握顾客提车时最为关注的地方和兴奋的心理,通过车辆准备、相关材料准备、人员准备以及时间确认等各项工作,为接下来的交车工作打好基础,从而加深顾客印象,提高顾客满意度,顺利交车。

8.1.2 任务目标

1. 职业目标
(1)熟悉交车前的准备工作。
(2)明确车辆状况检查要点。
2. 素质目标
(1)培养进行有效沟通的能力。
(2)培养文明销售的良好习惯。

新车交付

8.1.3 相关知识

交车前准备工作

为了更好地完成新车交付环节,销售顾问应提前规划好并预计整个交车过程环节的时间,让整个交车过程井然有序。销售顾问在实际执行时可以参考表8-1。

交车流程时间表　　　　　　　　　　　　　　　表8-1

序号	相关流程	时间（分钟）
1	确认顾客交车时间,告知所需材料等	3~5
2	顾客到店接待	5~10
3	和顾客一同确认车辆	5~10
4	详细说明并办理交车手续	10~20
5	售后服务交接	5~10
6	邀请顾客参加交车仪式	5~10
7	时间总计	60~90

（1）与顾客确认交车日期。

销售顾问应提前与顾客确认交车日期。如若顾客需要选定"良辰吉日",销售顾问应尊重顾客的需求并尽量满足。如果遇到所交付车辆延期到货的情况,销售顾问应提前告知顾客并致歉,并给出相应补偿。如图8-1所示。

图8-1　销售顾问新车交付预约

【话术举例】

销售顾问:"王先生您好,您订购的车辆已经到店。请问本月您什么时候方便过来提车?"

王先生:"25号我有空。"

销售顾问:"好的,王先生,那您是定上午还是下午?有具体的时间吗?"

王先生:"上午吧,提车也是个高兴事,定在9点28分吧。"

销售顾问:"好的,王先生,我给您记录下来了。"

（2）告知顾客交车所需材料。

销售顾问与顾客电话沟通确认交车日期时,应一同告诉顾客交车时应携带的资料。挂断电话后,销售顾问应编辑短信或微信发送给顾客,确保万无一失。

【话术举例】

销售顾问:"王先生,您提车时需要携带个人身份证,用来办理相关手续,您别忘了。"

(3)确认交车当天到店人数。

销售顾问应提前确认顾客提车当天到店人数,以便于确定交车小礼物数量等。

(4)告知顾客交车所需时间。

为方便顾客安排个人时间,销售顾问应告知顾客提车当天所需时间。

【话术举例】

销售顾问:"王先生,您好,根据小王以往交车的经验,您提车当天大概需要花费60~90min,麻烦您提前做好时间安排。"

(5)交车场地准备。

通常情况下,汽车经销公司都有专门的新车交付区,销售顾问在顾客预约交付车辆的前一天,应该确保新车交付区干净、整洁,并确保装饰完毕,例如顾客提车欢迎横幅布置等。

(6)交车文件准备。

新车交付时,需要传递给顾客很多资料,为了避免遗漏,销售顾问应提前整理交车文件,具体内容见表8-2。

交车文件 表8-2

序号	文件分类	文件内容
1	商业票据类	购车发票、完税证明、保险凭证等
2	随车文件类	车辆使用手册、保修手册等
3	商务活动类	销售经理等人员名片
4	交车工具类	交车确认单、PDI检查表格等
5	增值服务类	车友俱乐部介绍资料等

销售顾问可以在新车交付前再次将所需文件拿出一一核对,确保交付时万无一失。如图8-2所示。

图8-2 销售顾问核对交付文件

(7)交付车辆准备。

销售顾问应在新车交付前对交付车辆进行确认,确保万无一失,主要确认内容有以下几点:

①车辆漆面是否有划伤、剥落、凹痕、锈点等。

②车辆车窗和车厢及行李舱等是否污脏,交付前是否需要清洗,如图8-3所示。
③车辆油箱内是否有1/4箱的汽油。

图8-3 交付车辆清洗

(8)交车礼物准备。

通常情况下,为了提高顾客满意度,汽车经销公司在交车时都会提供礼物,礼物可以为鲜花、红包、带有本品牌logo的物品等,销售顾问应根据顾客喜好来准备。

> **销售小课堂:**
> 某汽车公司销售顾问小李和客户徐先生签成了一笔生意。客户来提车,到了技术讲解的环节,小李只给徐先生讲了一些主要设备的操作,还有一些必须要讲解的东西未给徐先生讲解。徐先生是个驾驶老手,他故意问小李"天窗怎么使用啊?还有这个急救箱和儿童锁我也不会用啊。"小李一脸尴尬,忙说对不起……实际上这些东西徐先生都会用,他就是要难为一下小李。因为小李并没有做好他的讲解工作,没有给徐先生讲全设备的操作。
> 销售顾问在新车交付时一定要提前做好技术讲解的准备,不仅要准备还要准备充足,不能有遗忘。上面的事例中并没有发生严重的后果,假如销售顾问没有讲安全带、天窗、后视镜等重要安全设备的使用可能导致车主发生事故。因此,销售顾问在新车交付的过程中应全面做好技术讲解。

8.1.4 任务实施

提车前相关事宜如下。

(1)车辆PDI检查。

新车在交车前要对车辆进行重点检查,俗称PDI。PDI(Pre Delivery Inspection,出厂前检查)即车辆的售前检查记录,是新车在交车前必须通过的检查,如图8-4所示。

新车交付前,销售顾问应主动协助售后服务部门的汽车维修技师完成交付车辆的PDI

检查。检查完毕且无误后,销售顾问与维修技师都应在 PDI 检查表上签字。

图 8-4 销售顾问协助 PDI 检查

PDI 检查有可能会发现新车库存中的一些问题,例如蓄电池过度放电等。发现这些问题并解决,将会减少售后服务部的麻烦。检查新车在库存的过程中是否因保管不当而造成损坏。如果必要的话,新车应加以整备,以恢复出厂时应有的品质。

PDI 检查项目主要包括车辆 VIN 码、发动机号、外表、内饰等。具体 PDI 检查项目内容见表 8-3。

新车交付 PDI 检查表 表 8-3

1. 检验车辆 VIN 码					
2. 检查日期					
3. 零售商代码					
4. 车型					
检查内容	状况		检查内容	状况	
	正常	非正常		正常	非正常
钥匙			轮胎及气压		
遥控装置			发动机室		
外观			发动机舱盖的开启及保险钩		
油漆			发动机冷却液		
车身			发动机机油		
车门、发动机舱盖、行李舱盖			制动液		
保险杠、所有的防撞饰条			风窗洗涤液		
外后视镜、车顶雨槽、开门把手			蓄电池		
进气格栅、装饰条、字徽、字饰			线束的固定装配位置		
前后挡风玻璃、橡胶密封条			电器		
门窗玻璃、导向槽			仪表指示		
前后车灯、侧转向灯、雾灯			远前照灯、近前照灯及变光		

续上表

检查内容	状况		检查内容	状况	
	正常	非正常		正常	非正常
转向灯、后组合灯			收音机、空调操作面板		
制动灯、警告灯			点烟器、饮料架		
雾灯			车内开关		
电动摇窗			行李舱		
刮水器及喷水装置			随车工具		
喇叭			备胎		
座椅调节			汽车底部		
中央锁控			传动轴防尘套		
内饰			球头橡胶		
门板内饰、门侧边保护饰条			制动系统、冷却系统、转向系统		
内饰板、车顶饰板、地毯			发动机、变速箱		
座椅、保险带			选装件		
仪表板			1.		
转向盘			2.		
检查人:			检查日期:		
销售经理审核:					

（2）结算尾款。

在交车前，销售顾问应先让顾客结清需缴纳的尾款，具体事项如下。

①在购车结算清单上列明所有应交纳款项，与顾客一一核对，并提供有关凭证和票据，确定最终金额。

②陪同顾客到财务部门结清款项。

③询问顾客付款方式，确定付款方式后，如果是现金支付，应该在点清现金后报数与顾客核对，如果是刷银行卡则应与顾客核对数额，再确认付款。

任务8.2 交车

8.2.1 任务引入

新车交付环节是顾客最兴奋的时刻，销售顾问应按公司的交车标准全方位服务好顾客，并做好售前与售后的顺利交接。

8.2.2 任务目标

1.职业目标

（1）熟悉交车具体流程。

交付服务的
延伸业务

(2)能够完成新车交付。

2.素质目标

(1)培养进行有效沟通的能力。

(2)培养文明销售的良好习惯。

8.2.3 相关知识

1.交车流程

(1)交付随车工具和文件。

在结算尾款完毕后,销售顾问应带领顾客到休息区,交付随车工具和文件。销售顾问在交付文件时,应提供新车随车物品交接单,每提供一份文件或工具,让顾客核对打钩,全部确认无误后让顾客签字,新车随车物品交接单见表8-4。

新车随车物品交接单 表8-4

新车随车物品交接单			
VIN 码		接收单位	
序号	名称	数量	备注
1	车辆使用手册		
2	保修手册		
3	钥匙		
4	遥控器		
5	备胎		
6	千斤顶		
7	急救包		
8	灭火器		
9	发票		
10	合格证		
签收人:		签收日期:	

【话术举例】

销售顾问:"王先生,这是合格证和发票,您收好,到时候新车交税和上牌时会使用到。这是保修手册和车辆使用手册,您的爱车是每5000km维护一次,我们的首次维护是赠送的,到时候也会提前通知您到店维护;车辆使用手册中对各部分零部件的维护时间有具体说明,您到时候可以查阅作为参考。您确认无误后,可以在随车物品交接单上打钩,您这边好了我再给您拿其他随车工具。"

(2)车辆操作演示及验收。

很多顾客在购车时都是第一次,销售顾问应针对顾客需求进行车辆操作演示,如图8-5所示。哪怕是再购的顾客,因品牌、车型的不同,在使用时也有差别。销售顾问在为顾客做车辆操作演示时,应特别注意介绍常用的功能,比如空调、蓝牙、操作系统等。

在车辆演示后,销售顾问应邀请顾客针对PDI检查表自查,确认无误后签字,如图8-6所示。

图 8-5　销售顾问进行车辆演示

【话术举例】

销售顾问:"李女士,再次恭喜您提新车!在此之前我们已经对您的爱车进行过全方位的 PDI 检查,现在想邀请您过去一起再次检查一下,顺便我给您进行车辆操作演示,大概需要花费您 20~30min,您看可以吗?"

图 8-6　销售顾问邀请顾客进行 PDI 确认

(3)售后服务介绍。

新车交付环节完毕后,意味着销售环节的结束,但这不意味着公司对顾客提供的服务到此为止,为了更好地让顾客体会到公司的售后服务。在新车交付环节,销售顾问应提前让服务顾问介入,由其向顾客介绍车辆初期使用注意事项以及维修事宜。

【话术举例】

销售顾问:"王先生,我给您介绍一下,这是我们店的服务顾问小李。"

王先生:"好的,你好。"

服务顾问:"王先生,您好,这是我的名片,您也可以叫我小李,您以后有售后方面的问题都可以打电话咨询我。您的爱车是 5000km 维护一次,我们的首次维护是免费的,到时候我也会电话提前告知您到店维护。"

(4)举行交车仪式。

交车仪式是整个交车环节的高潮,销售顾问可以通过赠送礼物、拍照留念等方式提高顾客的幸福感,拍照留念如图8-7所示。

【话术举例】

销售顾问:"李女士,您的爱车手续已经办理完毕,现在小王可以正式交付给您了。为了向您表示祝贺,我们特意准备了交车仪式,大概5min,我们的销售经理、售后服务人员也一起参加,想邀请您一起合影留念,您看可以吗?"

(5)送别顾客离店。

交车仪式结束后,销售顾问应送顾客离店,并注意以下事项:

①感谢顾客选择本品牌产品,并再次恭喜顾客提车。

②告知顾客几天后会有销售满意度调查,希望顾客能给予支持和配合。

③告知顾客油箱内油量,提醒附近加油站的位置。

④挥手致意,目送顾客离开展厅。如若遇到下雨天或艳阳天,应撑伞送顾客离开,如图8-8所示。

图8-7 合影留念

图8-8 挥手送别

【话术举例】

销售顾问:"李女士,整个交付过程现在已经结束,感谢您的支持和配合。为了更好地为您服务,我们的回访专员会在三日到七日内对您进行销售满意度调查,通常电话通话时间为3~5min,不知道您哪个时间段比较方便?"

职场工作规范案例:

有一位汽车销售顾问每次都给客户准备精美的礼品,让客户很感动。她每次交车都会送给客户一个用彩纸包好的平安果。并亲笔写下祝福语一起送上:"大哥/大姐,很感谢您选择我们公司并在我这里买车,总想着该送您个小礼物,而您也知道我们销售顾问没有多高的工资,年轻也没多少积蓄,昨天下班看到门口卖苹果的,想起上学时送苹果祝福的,我就挑了个最大最红的,回家洗干净包装一下,现在送给您,祝您一生平安。"

2. 新车交付后续工作

(1) 新车交付满意度调查。

为了更好地服务顾客,提升公司品牌形象,公司在销售顾问交车后 3~7 日内,由客服部专员进行满意度调查电话回访,如图 8-9 所示。

【话术举例】

回访专员:"李女士,您好,我是××汽车经销公司的回访专员小王,现在想对您的购车体验进行满意度调查,大约花费您 3~5min 时间,您方便吗?"

李女士:"方便的,你说。"

回访专员:"李女士,在整个销售过程中,您的销售顾问在向您介绍车辆时,您觉得满意吗?满分为 10 分,您给多少分呢?"

图 8-9 新车交付满意度调查

(2) 协助顾客新车上牌。

通常情况下,顾客提取新车后,使用的是临时牌照,临时牌照有效期为 15 天,临时牌照如图 8-10 所示。因此,销售顾问应在顾客提车后一周内,提醒顾客再次到店,由专门的上牌工作人员陪同顾客上牌。同时,销售顾问应提醒顾客携带以下资料,方便办理牌照,牌照示例如图 8-11 所示。

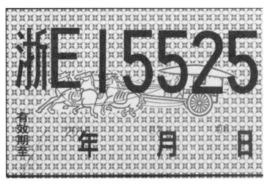

图 8-10 临时车牌

图 8-11 正式车牌

① 机动车所有人身份证明及其复印件或组织机构代码证及复印件。

② 机动车销售统一发票第四联。

③车辆出厂合格证原件。
④车辆购置税完税证明或者免税证明。
⑤经销商提供的机动车技术资料档案袋。
⑥机动车交通事故责任强制保险单第三联。

8.2.4 任务实施

1. 交车注意要点

(1)交车前准备工作包括与顾客提前沟通、相关资料文件准备、交车前的PDI检查以及新车交付场地准备等几个方面。

(2)提车前相关事宜包括车辆确认、结清尾款、领取随车文件及工具等几个方面。

(3)交车包括对顾客进行车辆操作演示及确认、介绍服务顾问及售后、举行交车仪式等几个方面。

(4)销售顾问应协助顾客办理汽车保险、汽车上牌等事宜。

(5)汽车经销公司应做好满意度调查。

2. 分配任务

每5人为一组,选出1名组长,组长对小组任务进行分工。组员按组长要求完成相关任务。任务示例见表8-5,具体任务要求如下:

(1)选择一款车型,写出交车的流程。

(2)按交车流程进行演练。

新车交付考核表   表8-5

序号	业务环节	配分	评分标准	评分记录	得分
1	交车预约	10	1. 车辆到店后,做好入库前的PDI检查;(5分) 2. 确认交车时间和地点的同时,简单解释交车流程,提醒客户需携带的相关证件资料(5分)		
2	交车前准备	20	1. 做好车辆内外部清洁;(5分) 2. 更新交车看板上的客户名称;(5分) 3. 通知相关人员做好准备,尤其是服务交接人员;(5分) 4. 在与客户约定时间前30min,再次与客户确认准确的到店时间(5分)		
3	到店接待	10	1. 客户到店时主动出迎;(5分) 2. 引导客户到休息区落座,上茶水(5分)		
4	交验车辆	10	1. 邀请客户一起检验车辆,提示车辆功能及使用注意事项;(5分) 2. 确认无质量瑕疵后,请客户在车辆确认单签字(5分)		
5	交车手续	20	1. 将购车发票、保修手册、三包凭证、使用说明书等资料交付客户;(10分) 2. 说明会有专人陪同客户办理购置税、上牌等项目(10分)		
6	服务交接	10	1. 销售人员把售后负责人介绍给客户;(5分) 2. 服务人员介绍专卖店的服务能力、车辆保修等(5分)		

续上表

序号	业务环节	配分	评分标准	评分记录	得分
7	交车仪式	10	1. 给客户送一份交车礼品;(5分) 2. 邀请客户与销售、服务人员一起,在交车点合影(5分)		
8	送别客户	10	1. 告知客户随后会有人员对其进行回访,让客户有心理准备;(5分) 2. 礼貌送别客户,提醒客户就近加油,注意安全行驶(5分)		

练习与思考

一、填空题

1. 汽车购置税纳税人需要提供的材料是_____、_____、_____。
2. 新车购买后,车主通常购买的主险险种包括_____、_____、_____。
3. 通常情况下,车辆号牌选择方式的是_____、_____。
4. 一般情况下,新车交付流程包括_____、_____、_____、_____、_____、_____、_____、_____。
5. 在与客户确认好交车时间后,销售顾问应联系_____,安排车辆检查。

二、选择题(答案可能有多个)

1. 以下属于交车前准备的有( )。
   A. 销售顾问个人情绪准备
   B. 销售顾问应首先确认客户的服务条件和付款情况,确保客户的相关车款及费用已经缴纳完毕
   C. 销售顾问安排车辆的PDI检查
   D. 销售顾问提前做好欢迎牌,欢迎客户前来提车

2. 销售顾问在确认交车时间时,可以提醒客户携带相关的提车文件资料,如( )等。
   A. 身份证　　　　B. 购车发票　　　　C. 驾驶证　　　　D. 银行卡

3. 车辆准备的注意事项有( )。
   A. 车内地板最好不要铺脚垫
   B. 清洗车辆,保证车辆内外美观整洁
   C. 车辆准备是售后人员的事情,销售顾问不应该插手
   D. 为客户新车加注汽油,保证客户新车能开到最近的加油站

4. 交车文件中随车文件类包括( )。
   A. 车辆使用手册　　B. 临时行车牌照　　C. 保修手册　　D. 销售顾问名片

5. 销售顾问在向客户告别过程中,注意事项有( )。
   A. 告知客户将来可能收到销售满意度电话或问卷调查,请客户予以支持

B. 微笑目送客户的车辆离去,挥手道别一直到看不见为止
C. 整理客户资料,填写"保有客户信息表"
D. 根据客户去向指导行车路线

三、判断题

1. 新车交付过程中,交车预约环节销售顾问只需要打电话通知客户即可。（　　）
2. 三位一体交车就是指在新车交车当天,销售人员与服务人员一起,为客户提供充满热情而又规范的交车服务。（　　）
3. 新车交付过程中,汽车经销公司没必要给客户新车加油。（　　）
4. 新车交付过程中,如果客户着急要离开,可以不向客户简单讲解车辆功能和使用方法。（　　）
5. 车主在进行车辆上牌时可以不先进行交税。（　　）

项目九

售后服务跟踪

项目描述

很少有第一次见面就签订购车订单的客户,顾客只有你在不断的跟进中,对你产生信任,才会购买你的汽车,这也是有技巧的。80%的顾客是在跟进中实现的,所以恰当的跟进方法和技巧,可以大大提高销售业绩。正所谓销售不跟踪,终将一场空。但是,跟踪方法错,照样一场空。所以跟踪、跟进客户的方法很重要。

任务9.1 客户关系管理

9.1.1 任务引入

作为一名销售顾问,最要紧的就是与客户的关系。客户是一切成交的前提,也是销售业绩的源泉,成功的销售,是能将客户维系好,与之建立起长久的良好关系,然而很多人不懂如何管理客户关系,最终导致自己的客户资源无缘无故地流失掉了。售后服务跟踪就是客户关系管理的重要方面,有效的客户关系管理可以提高客户的满意度和忠诚度。

9.1.2 任务目标

1. 职业目标
(1)掌握客户关系管理的基本概念。
(2)能结合企业实际情况开展客户关系管理。

2. 素质目标
(1)确立诚信经营、客户导向的意识。
(2)注重优化客户关系管理,打造精益求精的职业素养。

9.1.3 相关知识

1. 客户关系维系

客户关系的维系是指客户买车后,在相当长的一段时间内不再来找销售顾问,但销售顾问应不停地跟客户联系,联系方式可采取发短信的方法,比方说今天天气预报说有雨,路滑,提醒客户开车小心一点;天气预报说冷空气马上要来了,提醒客户多穿一点衣服不要感冒等。这样的事情做长了客户就习惯了,你要是有一段时间没给他发短信,客户会打电话向你询问原因。这是好事情,因为这个客户没把你忘记,以后,如果他的朋友要买车,他肯定会找你,如果他自己要更新车辆,他也会来找你,这就是客户关系维系。

2. 客户关系管理

客户关系管理是依靠先进的技术系统做支持,针对顾客个性化需求进行分析,以提高客户满意度和忠诚度为目的,实现公司长久发展的目标。

3. 客户生命周期理论

车辆就像人一样,需要定期维护,车辆会随着使用产生不同的需求和价值。因此车辆的不同时段需求就构成了车辆的使用生命周期,进而产生了客户生命周期。对于汽车经销公司来说,客户都是长期持续的存在的。由于新车销售利润持续下降,维修市场才是经销公司收入的重要支撑点,因此客户的长期到店维护是非常重要的。

9.1.4 任务实施

1. 客户关系管理内涵

客户关系管理,这个观念起源于咨询公司 Gartner Group,其认为客户关系管理就是为企业提供全方位的管理视角,赋予企业更完善的客户交流能力,最大化客户的收益率。

随着时代的进步,对于客户关系管理的研究也越来越多,根据研究角度和方向的不同,总结为以下几种观点。

(1)客户关系管理被认为是一种以客户为核心的经营哲学,一种经营理念,旨在通过管理"客户触点",提升客户体验,最大程度扩展和延伸公司组织与其客户之间的关系。

(2)客户关系管理是一种管理方法,职能就是协助公司以追求完善的"客户触点"为目标,以客户为中心,推动企业的所有一线部门提升整体的运营质量,为企业带来销售和售后的利润贡献。

(3)客户关系管理是一种技术手段,利用数据库的强大分析整合功能,将利用企业人力、市场等资源进行协调整合,达到客户的需求,增强客户的触感体验,最终使企业获得忠诚客户。

(4)客户关系管理是一种整体战略,将客户关系管理纳入公司的运营总体规划中,将客户的需求转换为公司的主要服务方向,尽量达到个性化服务客户,能够实现公司和顾客的双赢。

2. 维护客户关系的原则

(1)互惠互利原则。

销售也是要讲究策略的,很多产品公司是会给销售顾问提供优惠的,所以销售顾问在跟客户交涉过程中,可以先按市场价来交谈,当产品赢得了客户的满意后,在保证利润的前提下可以适当让利给客户,使客户能感觉到你的诚信,愿意与你合作。其实让利策略如果运用得当,对买卖双方长期合作百利而无一害。

(2)及时跟踪原则。

销售顾问并不是把产品销售出去就万事大吉了,现在市场上的同类产品很多,竞争相当激烈,产品销售出去后还要做好后续跟踪,是不是好用,有没有什么问题需要及时解决,以及有些什么功能还可以加以完善等,让客户从心里觉得你是把产品质量放在第一位的。

(3)利益共享的原则。

生意场上的朋友都是建立在利益共享原则上的,所以发展每一笔业务都要记住利益是要共享的,每一次合作的成功都是为下一次合作打下一个良好的基础,如果你违背了这一原则,带来的后果是你的客户正在慢慢流失。

(4)用心倾听原则。

一个好的销售顾问是要能静下心来听取客户的倾诉的,在维护客户关系过程中,一定要耐心听取客户的意见,并能及时判断客户所要表达的意思,就算遇到难缠的客户也要平心静气,积极想办法帮他解决问题,这样客户会从心底里感激你,也会与你建立长期合作的关系。

(5)灵活掌控原则。

在维护客户的关系中,要谨记主动权要掌握在自己的手中,不能让客户的三言两语就乱了方寸。销售工作没有止境,在维护客户关系中一定要做到真正用心想客户所想,急客户所急,让客户从心理上对你产生依赖。

3. 维护客户关系的方法

(1)建立客户档案。

要维护好客户的关系,第一步得要建立健全的客户档案,所谓好记性不如烂笔头,客户档案的内容不仅限于客户的姓名、年龄等,而要包括客户的爱好、家庭情况以及购买的产品类型、使用情况、年限等等,越详细越好,这些对于后期维系客户会有非常重要的作用。

(2)真诚待人。

真诚才能将业务关系维持长久。同客户交往,一定要树立良好形象,"以诚待人",这是中华民族的优秀品质。业务的洽谈、制作、售后服务等也都应从客户利益出发,以客户满意为目标调整工作,广泛征求客户意见,考虑其经济利益,处理客户运作中的难点问题,取得客户的信任,从而产生更深层次的合作。

(3)业务以质量取胜。

没有质量的业务是不能长久的。过硬的质量,是每项工作的前提。这要求充分理解客户需求,以良好的服务质量、业务水平满足客户诉求,实现质量和企业利润的统一。

(4)建立客户信誉。

在与客户的交往中一定记得不要轻易许诺,承诺了的事情一旦无法对现将会减少你在客户心目中的信誉度。当客户提出任何要求时,你要多用诸如"我尽量帮你想办法""我帮你打申请报告看领导能不能批"等这样不肯定的语句,给自己留有周旋余地,事后想办法满足客户的合理要求,这样在客户心目中对你就建立了良好的信誉度,以后就能放心与你合作了。

(5)拉近客户距离。

要想维护客户关系,就要经常与客户联系,多来往自然关系就会好起来,可以采取电话、短信、微信、QQ 等各种聊天方式与客户取得联系,谈谈他们购买的产品用得如何?谈谈他们的爱好等等。只有同客户建立良好的人际关系,才能博取信任,为业务良性发展奠定坚实的基础。

4. 优化新车客户关系管理

(1)建立新车客户专属微信群,强化交车仪式感。

新车客户专属微信群就是指在新车交付时为客户创建一个微信群,此群成员包括新车客户、销售顾问、售后经理、前台主管、售后服务顾问、客户专员,建立此群的目的就是可以让客户在遇到问题的时候可以第一时间得到解决,同时,让客户有 VIP 待遇的感觉,使新车客户和公司之间存在着紧密的联系,希望最终成公司的忠诚客户。

有时候客户会出现销售顾问交车后联系不上或者联系也无法解决问题的情况,给客户埋下不满的种子。微信已经是现在客户首选的联系沟通方式,因此选择建立微信群是比较跟上时代的一种做法。而群成员选择上以售后人员为主,都是客户在用车过程中将会接触到的人员,而群内成员都各有各自职责,详见表9-1,并且要求客户提问后 10min 之内有人回应,同时为防止人员离职,所有微信号使用公司配发手机。

新车客户微信专属群成员和职责 表9-1

微信成员	主 要 职 责
新车客户	微信群主,此群核心,问题的提出者
销售顾问	客户的专属销售顾问,购车环节相关问题的解决者
售后经理	群内各成员的监督人,重大问题的解决者
前台主管	群内各成员的监督人,售后经理的接替者
服务顾问	客户的专属售后服务顾问,售后部门相关问题的解决者
客户专员	负责节假日客户关怀,车主讲堂等活动邀约

在交车仪式上,除了将车辆装扮好,添加创建微信群的过程。销售部门负责制定每日交车时间表,提前通知售后经理。交车仪式需要售后经理或者前台主管参加,售后经理负责将相关人员拉入群中,一一介绍,群内所有成员以职位姓名和电话命名,最后发送一条祝福微信,感谢客户选择公司品牌,并承诺客户如有疑问会在 10min 之内回复。

(2)增加和客户互动,举行多样性车主活动。

现在的客户互动都是常规性的销售顾问和客服部回访,没有特殊性。这是大部分公司都可以做到的,有时候细节往往可以打动到客户。记住和客户的特殊日子,比如说客户购车日期,客户生日以及客户车险维护日期等,在相应的日期给予祝福和友情提醒。除此之外,还可以为在新车阶段,定期发送一些车辆特有功能介绍或者车辆使用注意事项,这些都可以体现店内的关怀。为增加与客户的互动性,并与时俱进,开发公司公众号和公司抖音号,在平台内定期发送关于车辆使用的文章和视频或者公司的近期相关活动,同时开通客服热线,对线上问题进行及时解决,为客户提供便利。

其实在我们需要维系客户的同时,客户也同样需要这个平台扩宽自己的人脉,达到互利共赢的效果。公司内组织的活动以车主讲堂等常规性活动为主,形式单一,活动没有新意,特此提出以下几种车主活动以供参考,详见表9-2。

车主活动推荐表　　　　　　　　　　　　　　　　　　　　表9-2

活　　动	适　合　人　群
车主自驾游	经常旅游、热爱原生态景色,追求自由
公益活动	富有爱心、热心公益事业,需要一些正能量的公关
家庭式农家乐	有子女,亲近大自然,享受亲子时光
赛车场体验赛	喜欢刺激或者驾驶感的车主,释放压力

5. 优化售后客户关系管理

(1)实施一对一客户生命周期管理。

伴随客户生活质量提高,客户对于汽车经销公司的服务需求持续上涨,个性服务已经成为主流。对公司内微信公众号进行软件升级,实行人车相连,专人进行一对一管理,通过微信发送符合客户的个性化信息提醒,包括车辆车检/车险/维护到期、优惠券/消费/生日提醒等,从客户角度出发,客户可以随时查看个人信息和车辆信息,同时可以查到店内地址和包括预约/救援人员电话等基础信息,增强客户黏性,与客户形成紧密关系。

对于公司来说,客户价值主要分为四个层面:第一层,客户满意,是指客户对于每一次店内服务是满意和认可的;第二层,品牌认同,即客户通过持续的美好体验和品牌文化的熏陶实现品牌价值的认同;第三层,客户忠诚,即客户钟爱并且愿意同品牌共同成长,分享人生的变化和过程;第四层,客户推荐,即客户积极的推荐品牌给亲朋好友,相信品牌的服务与品质,并以此为荣。客户满意只是第一步,客户忠诚并推荐才是最终的追求。

从客户生命周期来看,需要销售顾问在确切的时间通过有效的渠道根据正确的车辆和信息提供精准的产品和服务。基于客户不同的服务需求,会产生售后、CRM、二手车、金融服务和新车销售等线索,通过线索整合和部门之间的沟通配合,进行线索转发并由专业人员进行跟进,促进提升客户的回场率,同时,可以第一时间给客户专业建议,给客户提供优质的服务体验。

(2)建立会员卡制度,打造品牌车主俱乐部。

客户资源是公司的重要资产,而忠诚客户则是最为宝贵的财富。忠诚客户不仅会有重构的行为,同事也是企业品牌的推广大使,忠诚客户的口口相传对于企业品牌的产品和服务起着积极的作用。赞不绝口的品牌形象更能促进潜在客户选择的倾向。因此,对于忠诚客户的管理,增强客户黏性,培育客户的归属感,对公司有着非常重要的战略意义。而会员化的管理模式是一个对忠诚客户非常有效的客户关系管理手段。

汽车经销公司执行会员卡制度,促成了从"以商品为中心"到"以客户为中心"的经营理念的转变。同时,根据分析会员的历史行为建立用户画像,结合合理的会员积分和等级制度,可以为会员提供差异化的服务关怀和精准的营销,让客户感知到 VIP 待遇,从中获得部分利益,从而提升客户认可度和复购率,为企业的长期利润提供坚实的基础。

成立品牌俱乐部,可以成为拉近客户和公司之间的桥梁。在会员平台上,4S 店可以开展各种车主活动,提供专属的会员权益以及个性化的服务,增强和客户之间的互动。同时,借由这个平台,将有着相同兴趣爱好的客户们创造沟通和交流的机会,为客户创造一个共同的大家庭。俱乐部的成功运营将对公司的售后业务、车辆复购和亲友推荐等相关业务起着重要的推进作用。

任务9.2 成交后的顾客跟踪

9.2.1 任务引入

对于购买了汽车的顾客来说,售后维修服务是其亲身体验汽车经销公司"服务流程"的机会。售后跟踪步骤的目的是继续促进双方之间的长期关系,提供用车咨询;加强用户满意度,让老客户介绍新的客户,发掘更多的商机;吸引用户回厂,增进汽车经销公司的效益。

> **榜样的故事:**
> 乔·吉拉德是美国最有名的营销专家。在商业推销史上,他创造了一种巧妙的促销法被世人广为传颂。他认为所有已经认识的人都是自己的潜在客户,对这些潜在客户,他每年大约要寄给每个客户12封问候函,每次均以不同的色彩和形式投递,并且在信封上尽量避免使用与他的行业相关的名称,人们称之为"乔·吉拉德卡片。"
> 1月份,他的信函是一幅精美的喜庆气氛图案,同时配以几个大字"恭贺新禧",下面是一个简单的署名:"雪佛兰轿车,乔·吉拉德"。此外,再无多余的话。即使遇上大拍卖期间,也决口不提买卖。
> 2月份,信函上写的是:"请你享受快乐的情人节。"下面仍是简短的签名。
> 然后是3月、4月、5月……
> 这样一来,每年中就有12次机会,使乔·吉拉德的名字在愉悦的气氛中来到这个家庭。虽然乔·吉拉德并没有说明这是回访,但这种不讲回访的回访,反而给人们留下了深刻的印象。

认识汽车使用维护

新车维修接待

9.2.2 任务目标

1. 职业目标
(1)熟悉顾客跟踪的意义与要点。
(2)能够合理展开跟踪回访工作,维持客户关系。
(3)能熟练进行顾客的跟踪服务。

新车销售回访

2. 素质目标

(1)培养良好的服务意识和亲和力。

(2)培养待客以礼、与人为善的良好习惯。

9.2.3 相关知识

1. 顾客跟踪

顾客跟踪是指商业企业在成交后急需与顾客交往,并完成与成交相关的一系列工作,以便更好地实现销售目标的行为过程。销售目标是在满足顾客需求的基础上实现商业企业自身的利益,而顾客利益与商业企业利益是相辅相成的,在成交签约后并没有得到真正地实现。顾客需要有完善的售后服务,商业企业需要回收贷款以及发展与顾客的关系。因此,顾客跟踪工作也是一项十分重要的工作。

2. 顾客跟踪要点

(1)联系要持续不断,但不要在一段时间内过于频繁。注重实效性,追踪不要间隔太长。

(2)联系的目的在于尝试建立亲密的个人关系,实施关系营销。

(3)鼓励客户说出他们的疑虑,不要轻易向客户许诺。经常向客户通报市场和公司的利好信息。

(4)每一次追踪情况都要详细记录在案。在客户追踪时,他们的情况或需求可能会不断变化。为了能够准确地掌握每位客户的现状,在与客户联系的同时,做好详细的记录是十分必要的,它将准确及时地提醒你如何继续跟进。

(5)无论最后是否成交,都要婉转要求客户帮忙介绍客户。

(6)销售顾问要充分自信,要有耐心。

> **销售小课堂:**
>
> 小王是某品牌汽车上海分店的销售员。前些天张先生在他所在的经销公司买了一辆车。此时正是回访的最佳时间。小王准备了一下,客户的基本信息、所购车辆信息、维修记录等都记住了。回访时张先生就问了一些关于车使用时的问题。小王对自己卖的车并不了解,也没有深入了解更多所卖车的信息,导致回答这些问题时吞吞吐吐,有的甚至回答不上来,结果张先生非常生气,表示"你的业务很不过关啊。你们公司就是这样培训你的,我要告诉朋友不要买你们家的车。"
>
> 小王回访前没有做好充分的准备,只是简单的了解了客户的基本信息,所购车辆等,而对于产品本身却不熟悉,这是比较致命的,销售顾问回访前一定要做好充分的准备。

9.2.4 任务实施

成交后跟踪是现代销售理论的一个新概念,其中一些具体的工作内容在传统的销售工作中已有体现。把它概括为成交阶段的一个重要环节体现了它对于现代销售活动的重要性,进一步体现了以客户为中心的营销理念。

1. 跟踪成交顾客的意义

成交后跟踪的意义主要表现在以下几个方面。

(1) 它体现了以满足顾客需求为中心的现代推销观念。

成交后跟踪使顾客在购买商品后还能继续得到推销人员在使用、维修等方面的服务,购买后如果在质量、价格等方面出现问题还能得到妥善的解决。这两个方面使顾客需求得到真正意义上的实现,使顾客在交易中获得真实的利益。所以说,成交后跟踪是在现代推销观念指导下的一种行为。

(2) 成交后跟踪使企业的经营目标和销售顾问的利益最终得以实现。

企业的经营目标是获取利润,销售顾问要获取报酬,如何获取?只有收回货款后才能得以实现。在现代推销活动中,回收货款往往是在成交后的跟踪阶段中完成的。

(3) 成交后跟踪有利于提高企业的竞争力。

随着科学技术的进步,同类产品在其品质和性能上的差异越来越小。企业间竞争的重点开始转移到为消费者提供各种形式的售后服务上。售后服务是否完善已成为消费者选择商品时要考虑的一个重要方面。而各种形式的售后服务也是在成交后的跟踪过程中完成的。

(4) 成交后跟踪有利于获取重要的市场信息。

通过成交后的跟踪,销售顾问可以获取顾客对产品数量、质量、花色品种、价格等方面要求的信息。因此,成交后的跟踪过程实际上就是获取顾客信息反馈的过程,便于企业开发新的产品。

(5) 成交后跟踪有利于和顾客建立起良好的合作关系。

成交后的跟踪工作可以加强销售顾问和顾客之间的联系,通过为顾客提供服务,了解顾客的习惯、爱好和职业,从而有利于和顾客建立比较紧密的个人情感,有利于顾客重复购买或者推荐其朋友购买产品。

2. 成交顾客跟踪服务的内容

每次顾客购买完成后,顾客们的满意程度会各不相同。如果顾客们满意,那么在将来有新需要的时候就会回来找销售顾问;有亲友需要的时候,顾客们也会把销售人员介绍给亲友。但如果顾客们不满意,那么其下次的购买将会另寻他人。

怎样才能知道顾客是否满意呢?方法之一就是在交易完成之后立即提供给顾客相应的售后服务。因为即使已经结束购买,顾客仍在考虑自己的决策是否正确。

提供满意的售后服务。

①打消顾客的后悔心理。消费者购买一般商品后,如果不满意可以要求退换,但购买汽车却不行,因为其涉及公安、银行、保险公司等许多机构。

汽车作为需要消费者高度介入的耐用消费品,一旦过早地出现故障、维修困难、后期费用过高等现象,使消费者不满却又无法退换,会给消费者造成极大的伤害,甚至长久的悔恨。此时,作为该品牌汽车的生产者和销售者,如果站在消费者的立场上该有何感想呢?

尽管销售顾问没有权力实施退换,但通过成交后的跟踪服务可以减少或打消消费者的后悔念头,维护品牌和销售顾问的信誉,为扩大顾客群打下良好的基础。

②经常与顾客联系。很多商家会抓住顾客的特殊日子,如生日或结婚周年纪念日等,给

顾客寄去贺卡。给老顾客寄推销信函、贺卡、调查表、小礼品等，是保持联系的好方式。登门拜访老顾客、电话问候老顾客或发电子邮件和手机短信也是加深感情的好方式。其关键是经常提醒顾客，销售顾问不只是顾客的生意伙伴，更是顾客们的知心朋友。此外，"维护提醒""车辆托管服务""代为年检服务"和"违章曝光提醒服务"等也是与保持顾客联系的方法。

③调查走访销售后的状况。对于购买过车的顾客，销售人员应及时收集反馈信息。顾客对其购买的汽车是否满意呢？如果是肯定的，那么将来一定有机会再次与该顾客做成交易；但是如果答案是否定的，那么应该怎么做才能让顾客从不满意到满意呢？如果能竭尽全力解决问题并让顾客满意，那你就留住了顾客与未来的生意机会。

事实上，如果和顾客一直保持联系，最终一定会建立一种相互受益的伙伴关系。伙伴关系基于相互信赖和相互满意，双方从中都可受益，一方得到了满意的服务，另一方得到了利润。顾客因为能得到高水平的服务而从中受益，缩短了决策时间，减少了冲动性行为，节省了费用；销售顾问的销售额增加，费用降低，业绩增加。伙伴关系还有一个额外的益处，就是它会给销售顾问带来新的交易机会。通过顾客之间的口碑传递，销售顾问的服务会有广告效益，从而吸引更多的顾客找上门来，成为一种更廉价的广告。

④提供最新的情报。维系顾客的方法还包括销售顾问向顾客提供最新资料，这也是一项有力的售后服务。产品的资料一般包括以下两种：

a. 商情报道资料。有许多商品的销售资料常以报道性的文件记载。销售顾问可将它作为与顾客联络感情的媒介。如销售顾问每月给顾客寄一份汽车杂志，这样做一方面可以给顾客提供参考资料，另一方面也可以借此报道商情。这样做可以使顾客对商品有持续的好感，起到间接的宣传效果，吸引更多的顾客。

b. 商品本身的资料。汽车售出后，顾客基于某些理由常常希望了解汽车本身的动态。此时销售顾问应尽快将车的升级、维修、驾驶等方面的变动资料提供给顾客，把使用说明及相关文件资料传递给顾客参考。顾客收到销售顾问提供的信息以后，会感到销售顾问在真正地关心他们。专业的销售顾问可以利用专业技能为顾客提供新的思路，使顾客了解汽车的最新情况，这是销售顾问的义务。若在顾客购买汽车以后就疏于提供最新的资料，这是一种很不妥当的做法。

⑤将顾客组织化。把现有的顾客组织起来并不断地把顾客组织扩大，这是一种行之有效的方法。对于汽车行业，最有效的方法是成立"汽车俱乐部"或"顾客会"。这种顾客组织化的方式常常使消费者产生对该企业或品牌的认同心理。"顾客会"使顾客以为自己"最受该企业的重视和欢迎"；顾客参加了某"汽车俱乐部"或"顾客会"，会在有意无意间帮助企业宣传产品，充当"义务销售员"的角色。近些年来，中国企业界也开始采用这种顾客组织化的方式，成立了许多类似的顾客组织，例如各种产品用户协会、顾客学校、顾客联谊会等。

组织是一种相对比较稳定的联系。顾客组织化有助于建立比较稳定的主顾关系，使短期联系变成长期联系，使松散的联系变成紧密的联系，使偶然的联系变成必然的联系，使暂时的联系变成固定的联系，从而有利于发展顾客关系，开发顾客资源，实现顾客关系固定化。成功的企业不仅创造独特的企业文化，而且用共同的企业精神来团结和激励员工，创造相应的产品文化，用共同的顾客精神来吸引顾客，稳定和发展顾客关系。

对汽车销售来说,组织成立"汽车俱乐部"是一种行之有效的方法。"汽车俱乐部"成立后,需经常开展活动,如组织自驾游、相互探讨驾驶技术、开展节油比赛活动等。通过活动可以与顾客保持密切联系,增进顾客对企业的了解,培养顾客对企业的感情,从而形成良好的口碑,相互传递,进而树立企业在公众中的形象。

因此,销售顾问不仅要善于推销产品本身的物质使用价值,而且应该学会推销产品本身所附加的精神使用价值。创造科学、美好的消费文化,培养良好的顾客精神,就能够使顾客产生认同感,可以长久地吸引顾客。

销售顾问是企业联系顾客的重要媒介,要使这种联系长期固定化,就必须积极开展经常性的企业外交活动。顾客关系是企业公共关系的一个重要组成部分,直接关系到企业的生存和发展。对于现有顾客开展推销外交,有利于加深相互的了解和信任,争取顾客的理解和谅解、发展主顾关系、增进友谊和合作。

3. 成交顾客跟踪的回访案例

成交顾客跟踪是对于已经销售的客户进行情感上的关注,同时对销售顾问起到监督的作用。

(1)首日回访。

回访责任人:销售顾问。

回访时间:销售顾问在交车当天或第二天对用户进行回访。如上午交车,则下午回访;如下午或晚间交车,则第二天早晨回访。

回访内容:以问候为主,先自报家门表明来意。电话内容,①感谢客户选择了我们专营店并购买了汽车;②询问客户是否安全到家以及客户新车驾驶感受,有无不明白、不会用的地方;③询问客户对公司、对销售顾问的服务感受;④了解员工的工作情况和客户对公司的看法及好的建议,以便及时发现问题加以改进;⑤及时处理客户的不满和投诉;⑥告知客户下次回访时间并询问方便接听的具体时段。最后将该结果记录到"调查表"里,以便跟踪。以下为话术举例:

上午好/下午好/晚上好/您好!××(先生/女士)!

不好意思,打扰您了。我是(昨天/今天)刚交您车的×××的销售顾问××,不知道某某(先生,小姐)现在方便接听电话吗?

①方便——继续访问;

②不方便——预约再访时间并致谢,终止访问。

(要确认用户是否有时间接听电话,以确保顾客满意度。)

请问您在驾驶爱车回去的途中车子使用顺利吗,驾驶时对车辆各方面的操控还习惯吗?请问您在车辆的使用上还有没有不清楚或有疑问想进一步了解的地方?还需要我为您服务吗?如果现在没有的话,请放心,我与我的公司及×××汽车将随时为您提供令您满意的服务。请记住我们的电话×××××××。

对了!×××汽车总部的顾客关爱员将会给您做个电话回访,确认您购车及用车的事宜,若有打扰到您,请您见谅。再一次祝您驾乘愉快,平安顺心!

(2)三日回访。

回访责任人:销售回访员。

回访时间:交车之后第三天。

回访内容:在交车后的三天内由售车的销售回访员负责打出第二个电话。内容包括:①调查用户满意度,询问客户对新车的感受,车辆功能操作是否自如,为客户解决疑虑;②新车首次维护里程和时间的提醒,对客户再次表示感谢;③新车上牌情况,是否需要帮助;④如实记录客户的投诉并给予及时解决,如解决不了,则及时上报,并给客户反馈。最后将回访结果记录到"调查表"里。以下为话术举例:

早上好/下午好/晚上好。我是×××的销售满意度回访员××(全名或昵称),打扰您了,请问您是××(先生/女士)吗?

A1:请问××(先生/女士),您于(购买日期)××月××日在我公司购买了一台型号为××的×××轿车,为了确保每位来店顾客对我们的服务都能"非常满意",在您购买车辆后的两周内,我们想耽误您5min时间,做一个电话回访,如您在购车过程中有不满意之处请告诉我,我会及时帮您协调解决,请问您现在方便接听电话吗?

①方便——继续访问;

②不方便——预约再访时间并致谢,终止访问;

③其他——致谢终止访问。

(要确认用户是否有时间接听电话,以确保顾客满意度)

(先生/女士),接下来的问题,有5种评分供您选择,请您帮我们打分,有不足之处,请多提宝贵意见:

(5分是非常满意,4分是满意,3分是一般,2分是不满意,1分是非常不满意。)

B1:我们展厅环境的舒适性是否让您"非常满意"?

①是——继续访问;

②不是(满意 一般 不满意 非常不满意)。

记录顾客意见。

B2:销售顾问的外表、着装以及礼仪是否让您"非常满意"?

①是——继续访问;

②不是(满意 一般 不满意 非常不满意)。

记录顾客意见。

B3:销售顾问对××品牌的认知度与信心是否让您"非常满意"?

①是——继续访问;

②不是(满意 一般 不满意 非常不满意)。

记录顾客意见。

B4:销售顾问专业知识是否到位,是否能耐心地为您购车提供具体的建议和信息?通过销售顾问的讲解,您是否完全了解了新车的功能和参数?关于以上几点是否让您"非常满意"?

①是——继续访问;

②不是(满意 一般 不满意 非常不满意)。

记录顾客意见。

B5:销售顾问的服务态度是否让您"非常满意"?

①是——继续访问；

②不是(满意 一般 不满意 非常不满意)。

记录顾客意见。

B6：新车质量是否让您"非常满意"？

①是——继续访问；

②不是(满意 一般 不满意 非常不满意)。

记录顾客意见。

B7：付款方式及流程便捷吗？销售顾问有亲自带您去打钱吗？

①是——继续访问；

②不是(满意 一般 不满意 非常不满意)。

记录顾客意见。

B8：交车程序的便捷性是否让您"非常满意"？

①是——继续访问；

②不是(满意 一般 不满意 非常不满意)。

记录顾客意见。

B9：交给您的车是否清洗干净？

①是——继续访问；

②不是(满意 一般 不满意 非常不满意)。

记录顾客意见。

B10：请问在交车的同时，我们的销售顾问有没有及时向您介绍您的私人售后服务顾问，就此您"非常满意"吗？

①是——继续访问；

②不是(满意 一般 不满意 非常不满意)。

记录顾客意见。

B11：在购车过程中，您的抱怨是否得到及时、妥善的解决，就该项您是否"非常满意"？

①是——继续访问；

②不是(满意 一般 不满意 非常不满意)。

记录顾客意见。

B12：请问在您购车后，我们的销售顾问有没有对您进行关怀回访？

①是——继续访问；

②不是(满意 一般 不满意 非常不满意)。

记录顾客意见。

B13：请问总体而言，您对整个购车过程是不是"非常满意"？（请客户除去产品本身质量问题来选择回答）

①是——继续访问；

②不是(满意 一般 不满意 非常不满意)。

记录顾客意见。

B14：若您需要再次购车或置换新车，您还会选择在我们公司购买吗？

（会；不会）

B15：您会推荐您的亲戚朋友来本店购车或维修吗？

（会；不会）

（先生/女士）您来做首次维护时，可以提前一天和我们预约，这样您会享受到更便捷、更细致的服务，可以节省您的宝贵时间，您的服务顾问电话是××××××××，当然您有任何问题可以致电顾客服务中心，电话是××××××××。

（先生/女士），耽误您的时间了，日后××（汽车品牌）会委托第三方调研公司对您做电话回访，让您对我公司的服务情况进行打分，如果我们的服务您都认可，请您对所有问题都回复"非常满意"，请您多多支持我们的工作，谢谢您了！×××祝您驾乘愉快！万事顺心！

(3) 一周回访。

回访责任人：销售顾问。

回访时间：交车后一周内。

回访内容：对用户本周车辆使用情况进行了解，向用户再次提醒车辆的一些特殊功能，对于交车后的一些后续事宜进行提醒以表达对用户的关爱，让用户对销售顾问放心进而对经销店乃至×××品牌增加信心。以下为话术举例。

（先生/女士）！上午好/下午好/晚上好/您好！

不好意思，打扰您了。我是之前服务您的销售顾问××，不知道××（先生/小姐）现在方便接听电话吗？

①方便——继续访问；

②不方便——预约再访时间并致谢，终止访问。

（要确认用户是否有时间接听电话，以确保顾客满意度）

（先生/女士）！您的爱车已经使用了七天，在这周里您对爱车的车况还满意吗？对于车辆的各项使用功能（尤其是特殊功能）在操作上还存在问题吗？

若都没有问题，请允许我向您做如下提醒：

提醒一下您，在3个月或行驶7500km左右时间来做第一次免费维护，到时候您可以提前跟我们的服务顾问预约，这样可以节省您宝贵的时间，工时费还可以打折。

真不好意思，打扰了您那么长的时间，今后若您对车辆有任何疑问或者对我店有任何宝贵的建议，都请您及时跟我们联系好吗？

因为您是我们×××汽车的尊贵顾客，所以×××汽车可能还会安排第三方致电您进行顾客满意度的问卷调查，时间大概是3~5min，这些回访是为了提高日后我们对您的服务质量，所以请您见谅。希望您在接受访问时能够给我们打个好分！再次谢谢您！祝您工作愉快！万事顺心！再见！

(4) 一月回访。

回访责任人：销售顾问。

回访时间：交车后一个月内。

回访内容：车况询问及前几次回访的感谢。对重要顾客要预约上门拜访的时间，如果对方允许则实施上门拜访，建议销售顾问或顾客关爱员或服务顾问携带礼物前去拜访，礼物的品种及价格视用户的重要性及忠诚度进行选择。如果上门拜访被谢绝，则仅在电话中问候和表示感谢,告知可来店自取礼品。在以上两种情况下,与顾客交流的话术应告知顾客回访的内容,即今后该顾客的回访由经销商的顾客关爱专员进行。以下为话术举例。

(先生/女士)!上午好/下午好/晚上好/您好!

不好意思,打扰您了。我是销售顾问××,××(先生/小姐)现在方便接听电话吗?

①方便——继续访问;

②不方便——预约再访时间并致谢,终止访问。

(要确认用户是否有时间接听电话,以确保顾客满意度)

(先生/女士)!托您的福/承您的贵言/感谢您的合作/太谢谢您了,您使我在×××汽车××经销店的顾客满意度排名进了前三名!我很想亲自去感谢您!不知道您有时间吗?如果可以我想和您预约个时间,亲自上门拜访以表示对您的感谢!

(5)三月回访。

回访责任人:顾客关爱专员。

回访时间:交车后3个月内。

回访内容:以首保为由提醒为主。以下为话术举例。

(先生/女士)!上午好/下午好/晚上好/您好!

不好意思,打扰您了,我是×××汽车××经销店的顾客关爱员××(全名或昵称),不知道(先生/女士)现在方便接听电话吗?

①方便——继续访问;

②不方便——预约再访时间并致谢,终止访问。

(要确认用户是否有时间接听电话,以确保顾客满意度)

(先生/女士)!是这样的,多年来,经过×××对其用户的调研,×××80%的尊贵顾客在新车使用到达3个月左右,大约是首次维护的时间,不知道(先生/女士)您的首次维护已经完成了吗?如果没有的话,我现在可以帮您做一个车辆首次维护的预约,这样不但可以节省您宝贵的时间也可以让我们对尊贵的您给予最尊贵的五星服务!

(6)交车后半年/一年回访。

回访责任人:顾客关爱专员。

回访时间:交车后半年/一年。

回访内容:续保提醒/生日提醒/促销通知/活动通知。以下为话术举例。

(先生/女士)!上午好/下午好/晚上好/您好!

不好意思,打扰您了,我是×××汽车××经销店的顾客关爱专员××(全名或昵称),不知道(先生/小姐)现在方便接听电话吗?

①方便——继续访问;

②不方便——预约再访时间并致谢,终止访问。

(要确认用户是否有时间接听电话,以确保顾客满意度)

(先生/女士)!是这样的,保险/生日/促销/活动到了,所以想提醒您根据车况来续保/×××汽车祝您生日快乐/邀请您参加××活动!(根据顾客反应,自由发挥)

注意:续保、促销活动邀请必须事先通知并与顾客预约时间,在到期前一天再次确认顾客的到店时间。

(7)不要忘了安排面访客户。

可以找一个合适的时机,如客户生日、购车周年、工作顺道等去看望客户,了解车辆的使用情况,介绍公司最新的活动以及其他相关的信息。最后将面访结果记录到"调查表"里。

(8)每两个月安排与客户联系一次。

其主要内容包括:维护提醒,客户使用情况的了解,了解客户的兴趣爱好,选择适当的时机与客户互动,如一起打球、钓鱼等。通过这些活动,增进友谊,变商业客户为真诚的朋友,协助解决客户的疑难问题等。最后将联系结果记录到"调查表"里,以便跟踪。

(9)不要忽略平常的关怀。

经销公司经常举办免费维护活动,经常举办汽车文化讲座和相关的活动,新车、新品上市的及时通知,天气冷热等突发事件的短信关怀;遇客户的生日或客户家人的生日及时发出祝贺,客户的爱车周年也不要忘记有创意给予祝贺;遇到好玩的"短句""笑话"有 E-mail 或手机短信发送一下与客户分享;年终的客户联谊会别忘了邀请客户一起热闹一番,等等。

4. 让保有客户替你介绍新的客户

获得顾客引荐是指从现有的顾客那里得到其他潜在顾客的消息或通过现有顾客的介绍认识潜在顾客。获得引荐的机会是以顾客为中心的销售所带来的好处。如果能够真正帮助顾客找到最优解决方案,销售顾问就有可能获得更多的引荐机会。中国有句俗语"物以类聚,人以群分",很多新的客户都是老客户推荐的,因此客户的推荐度对于形成新的潜在客户非常重要。当然,要想成功引荐的话,还必须遵循一定的方法。

(1)用声誉获得顾客的引荐。

要想得到引荐,必须得让别人觉得你值得引荐才行。这样就要和客户发展良好的关系。但这还不能说,在向客户做过一次交易后,就可以有下一次的机会。相反,你得挖掘客户的潜在价值,使你能够在他们的有生之年,一次次地向他们销售成功,也能把他们作为中心影响人物而获得被引荐的机会。

(2)获得顾客引荐的方法。

你与客户的每一次联系都是在推广客户的业务。能够驾驭客户的想法是极其重要的,能让客户把你推荐给别人。只花了很少的时间,但却是有利的投资。

世界著名的汽车销售大王叫乔·吉拉德,他是创造了吉尼斯世界纪录的人,14 年他卖出 13001 辆汽车,平均每天销售 6 辆车,连续 12 年荣登吉尼斯世界纪录世界销售第一的宝座。他是怎么做的呢?

一照、二卡、三邀请、四礼、五电、六经访。一照,就是卖车给顾客之后照相;二卡,就是给顾客建立档案;三邀请,就是一年要邀请这个顾客到公司来三次,包括年会、汽车文化的一些活动和"自驾游"等。四礼就是一年当中有四次从礼貌的角度出发去拜访顾客,包括生日、节假日等;五电就是一年当中要给顾客最少打五次电话,问顾客车况如何,什么时间该回来做维护等,同时打电话问候顾客;六经访就是一年当中基本上每两个月要去登门拜访一次,感谢顾客买车。

5. 与顾客进行回访时的注意事项

(1)首先要调整好情绪,声音听上去应该尽可能友好、自然,以便能很快取得顾客的信任,顾客便能和销售顾问坦率地对话。

(2)顾客一般不会觉得自己的认识有什么大问题,因此应使用推荐的介绍,进行正面引导、提醒,让他们感受到公司的专业性。

(3)要给那些没有准备的顾客时间,以便他们能记起细节,说话不应太快,不应给顾客留下"匆匆忙忙"的印象。

(4)一定要让顾客把要说的话说完,不要打断他,对他说的话做简要而又清楚的记录,不说批评的话语,对顾客的批评也要做记录。

(5)如果顾客抱怨的话,不要找借口,只需要对顾客解释说已经记下了他的话。如果顾客乐意的话,要确保相关顾问会再打电话给他。有的问题解决后要在第一时间里及时回访顾客,告知处理结果,表示对问题的重视。

新车客户回访

任务9.3 未成交顾客的跟踪服务

9.3.1 任务引入

实际上,第一次到店就成交的顾客不多。一般情况下,对于未成交的顾客,找到原因后加以改进的思路才是正确的,但更重要的是,这不是事后的"亡羊补牢",而是通过回访了解顾客的相关信息,尽量为顾客解决问题,如可以再向顾客推荐其他适合的服务,诚恳邀约顾客有时间再来公司,这种顾客称为潜在顾客。销售顾问在开发一个新的潜在顾客的时候,都需要对潜在顾客进行多次的跟踪回访,但问题是,如果整天不停地给顾客打电话,顾客会非常反感,但如果隔了较长时间才回访顾客的话,顾客往往就会把销售人员给忘了。所以,怎样抓住顾客回访的时机,成了有效跟踪顾客的一个非常重要的问题。

9.3.2 任务目标

1. 职业目标
(1)明确未成交顾客跟踪的目的和意义。
(2)熟悉未成交顾客跟踪的方法与技巧。
(3)能够面对未成交顾客开展跟踪服务工作。

2. 素质目标
(1)培养与客户沟通交流的能力。
(2)培养锲而不舍、坚持不懈、与人为善的良好习惯。

9.3.3 相关知识

1. 客户跟踪的重要性
美国专业营销人员协会和国家销售执行协会统计报告显示:销售的2%是在第一次接洽后完成;3%是在第一次跟踪后完成;5%是在第二次跟踪后完成;10%是在第三次跟踪后完成;80%是在第4至11次跟踪后完成。

因此,不难发现客户跟踪的重要性。请记住:80%的销售是在第4至11次跟踪后完成!

2. 未成交顾客跟踪的主要目的
(1)跟踪的首要目的是加强顾客对销售顾问的印象,增进友谊,拉近距离。

(2)跟踪的第二个目的是了解顾客离店后的一些心理状况。

3. 电话跟踪目的

(1)争取对方同意来展厅见面。

(2)争取对方同意约一个时间试乘试驾车辆。

(3)争取对方同意告知他在考虑什么因素以及犹豫的原因。

(4)争取对方愿意告知他内心偏好的车辆特点是什么。

(5)争取对方同意接受邀请,出席一个活动。

(6)争取对方告知周围的人对本品牌车的评价及反映。

(7)争取对方告知他正在比较的车型是什么。

4. 客户跟进策略

(1)为每一次跟踪找到漂亮的借口。

(2)采取较为特殊的跟踪方式,加深客户对你的印象。

(3)注意两次跟踪时间间隔,太短会使客户厌烦,太长会使客户淡忘,推荐的间隔为2~3周。

(4)每次跟踪切勿流露出您强烈的渴望,调整自己的姿态,试着帮助客户解决其问题,了解客户最近在想些什么?工作进展如何?

5. 客户跟进沟通中应避免的两个错误

(1)讲解产品滔滔不绝,不能把握重点。

很多销售顾问约见客户,一上来就把产品的卖点从头讲到尾,而且滔滔不绝,最后客户的答复就是考虑考虑。

客户购买产品往往不是因为产品的所有卖点,而是其中的一、两个卖点,有的时候甚至会恰恰相反,卖点越多就越容易出现问题。

销售顾问要先挖掘找到客户的需求,然后根据产品的卖点去满足客户的需求。

当然了,讲解产品的卖点也是挖掘客户需求的一种方式,但千万不要为了讲解而讲解,要有目的地、有针对地给客户讲解产品。

(2)被客户的问题所困,不能引导客户购买。

销售顾问应该知道,客户提出的问题越多,他的购买需求就越大,购买意向就越强烈。

但这要有一个前提,那就是客户提出的是不是真实问题,如果是假问题,那么客户就是在刁难或者敷衍你。

有的销售顾问从来不考虑客户的问题是真是假,只要是问题全部解答,最后被客户的问题所困。

9.3.4 任务实施

销售的目标是用最少的电话联系次数、在最必要的时刻联系顾客,并且要达到最好的效果,甚至是刚刚好在顾客想要购买产品的时候销售顾问就出现了。

其过程一般是这样的:在与一个潜在顾客用电话联系的过程中,首先打第一次电话,接下来就会有第二次、第三次、第四次或更多。随着销售顾问与顾客联系次数的增多,顾客对销售顾问的印象的保留程度也就跟着上升,这就是心理学上分析出来的人类记忆储能曲线。心理学统计的结果表明,在销售顾问第一次给一个潜在顾客打电话后,在24h之内必须对他进行回访,否则他很容易就会把销售顾问忘了。这样,第一次对他的联系成本就浪费了,接下来应该在3天后回访他。运用跟不运用这种极限点的效果是完全不一样的,比如在这个极限点上回访这个顾客,他的反应是:"哦,你是××公司的小王吧,我记得",说明顾客对销售顾问的印象还很深;如果销售顾问不知道这个极限点,可能在6天或7天才去打电话给他,他的反应可能是:"啊?你是谁啊?什么?",这说明他已经彻底把销售顾问忘记了,那前面两次联系也就彻底白做了。所以,在开发潜在顾客的时候,懂得抓住这些记忆储能的极限点是非常关键的。再接下来是7天后进行回访。这样,只用四次电话联系,每次通常只聊2min左右或者发出一些资料,就会让一个新顾客在一个月里都能够对销售顾问保持深刻的记忆,在他有需要的时候就会想起销售顾问,并打电话过来询问,这就出现了商机。

1. 未成交顾客跟踪的标准行为

(1)在和顾客预接触之后,将来店(电)的客户进行意向级别分类,见表9-3。然后要登记,如图9-1所示。

H级:购买意向比较明确,一周内可望成交。(重点目标客户,他们通常表现十分主动热情、亲自挑选产品、询问车辆情况仔细、多次来店/电。)

A级:已产生购车意向,在一个月内可确认购车。

B级:正在关注汽车信息,了解市场动态和拟定购车计划。购车可能在一个月以后或更长时间。

来店(电)的客户意向级别分类　　　　表9-3

意向级别	回访设定	意向级别	回访设定
H级	1次/1天	B级	2次/月
A级	1次/周		

(2)电话拜访。

目前较流行假日消费,在假日前二至三天给意向客户打电话或短信。告知店里有优惠活动,邀约来店。记住电话里是永远都不能成交的。

在每次电话回访前一定要看前面的回访记录,而且要准备好这一次跟客户聊哪些话题。每一次回访根据客户的级别状况采取不同的技巧,乘势追击,或先培养感情再转移洽谈购车。

(3)登门拜访。

拜访者应该做到自然轻松,仪表整齐,微笑倾听。注意在与顾客交流时营造一种自然随和的氛围。

对于单位或团体的拜访,应拟定定期走访计划,长期保持联系,以走访作为联络感情的纽带,可及时掌握其欲购车信息。

顾客因自身繁忙等因素不能亲自到店看车,需提供相关产品介绍资料,可考虑登门拜访为其提供。同时,在访问过程中,尽量激起顾客对在销售店情形的回忆,进行感情沟通,引导顾客主动提问,同时,访问者可补充顾客原来没提到的相关信息,以此为契机加深顾客对产品的印象。

汽车销售跟进日志

记录日期：　　年　月　日　　　　　　　　　　　　　　　客户编号：

客户姓名		性别		客户生日		洽谈方式	
居住地				行业		到店人数	
联系电话				到店渠道		购车用途	

意向车型		购车抬头		购车方式	
目前使用车辆		是否意向置换		旧车估价	
客户意向级别	□A级(半年以上)　□B级(半年内)　□C级(三个月内)　□H级(一个月内)				
首次接待描述	 　　　　　　　　　　　　　　　　　　　　　　　年　　月　　日　　点				
第一次 回访时间 及描述	 　　　　　　　　　　　　　　　　　　　　　　　年　　月　　日　　点				
第二次 回访时间 及描述	 　　　　　　　　　　　　　　　　　　　　　　　年　　月　　日　　点				
第三次 回访时间 及描述	 　　　　　　　　　　　　　　　　　　　　　　　年　　月　　日　　点				
成交结果记录					
成交时间		购车方式		购车抬头	
车价		购车环节描述			
保险					
购置税					
上牌					
装潢					
服务费					
金融					
其他					
重点工作记录：					

图9-1　汽车销售跟进日志

(4) 跟踪回访常遇到的问题。

"我没时间"可能是客户正在开会或比较忙，不方便接听。稍后再拨打或与客户相约时间再次回访。

"我暂时不想买你们车了"这类型的客户比较复杂。只有后续耐心回访深入了解其原因，如遇正在跟其他竞品对比的话就要多加回访跟进。

"你看便宜××钱我就过来"这客户对我们车型已确认了，价格问题一定要来店谈，电话里是不可能成交的。相约当天或二天内来店洽谈,在电话中可以含糊答应其要求。"您过来吧,反正这个价格也跟我们相差不远了,您没来店里老总也不知您是否确定要,所以您来了我好去申请。"

2. 跟进未成交顾客的流程

销售顾问给意向客户展示完汽车价值后,由于客户当时内心还未对该产品产生强烈的购买欲望,又或者由于客户的资金或时间原因,暂时未达成交易行为,而是要等上一段时间,客户经过认真思考又加上身边各种信息的激发,最终在某个时刻激活了顾客对该产品的需求;从而在这个时候某个销售员联系该客户时,只需简单介绍产品价值基本上就能达成销售行为。

由此,为了不使销售顾问前期的开发、展示工作不被浪费,销售顾问在与客户初次面谈后,后期一定要与客户保持联系,至少要再与顾客联系7次,对于个别顾客甚至要联系11次。联系的前提是销售顾问在保持开发新客户的条件下,偶尔抽空联系某几个客户,而不是天天死盯着某一个或几个客户。对于汽车行业来讲,甚至在与客户面谈过一两次后,半年或一年内就可以不再联系了,从而节省时间寻找新的目标客户,这一切的联系行为被人们称为"跟进";其跟进的目的就是激发客户对产品的需要或需求。同时,销售顾问跟进客户基本上都会有一个大致流程,为了使销售顾问们具有明确的跟进步骤,我们将其归纳为以下七步骤。如图9-2所示。

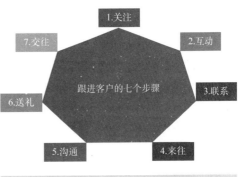

图9-2 跟进客户的七个步骤示意图

(1)关注。

跟进的最基础步骤就是关注对方,偶尔了解目标客户发生了什么变化,从购买产品或转介绍的角度来讲,有没有增加了购买欲望,以及有没有需要什么相关帮助,而你确实能够做到的,这个时候也是你与客户建立关系的最佳时机,不管对方当时会不会购买产品,但后期只要客户想要购买产品时第一个就会想到你。关注的渠道有很多,目前可以通过微信、QQ、微博等平台了解到对方的相关动态;有的时候甚至可以亲自上门观察,或者询问其他人来了解意向客户的相关信息。

(2)联系。

当销售顾问决定跟进某个客户时,要养成一定的联系习惯。联系频率太短,会使客户产生讨厌的感觉;联系频率太长,会使客户忘记销售顾问。销售顾问可以根据各自行业的特性,分别采用1、3、7、21法则进行联系对方,即初次面谈后,第二天就要联系一次,然后过3天左右再联系一次,然后再过7天左右再联系一次;如果感觉有可能会购买,但目前意向度不强,则可以再过21天左右再联系对方一次。从而便于客户记住销售顾问,而不至于客户见到销售顾问都不知道是谁。至于是打电话联系,还是上门拜访,又或者是通过短信、网络平台等方式联系,只要目的达到均可以。前提是每次联系客户时一定要让对方知道你是谁,干什么的,否则就达不到联系的目的了。

(3)互动。

对于互动首先要弄清楚这个词的概念,互动在本文主要是指销售顾问与客户双方互相关注、交换彼此的想法或看法。有的时候客户没有立刻购买产品,那肯定有某一个或几个原因,导致对方没有立刻购买,销售顾问可以在后期与客户互动中了解到没有购买的原因。其实当客户购买后也可以了解对方购买的原因,这有利于后期用同样的方法开发同类型的客户。

与客户互动的方式有许多种,通过微信、QQ、短信等平台给客户点赞、评论、发祝福信息等,甚至可以就某一个话题进行发表各自的观点。

(4)来往。

当与意向客户互动了多次后,基本上彼此双方已经有点信任,为了增强销售顾问与客户之间的关系,最好彼此私下再来往,即某一方到另一方所在处。至于是客户来销售顾问公司,还是销售顾问去客户处,能够达到来往的效果就行。见面三分熟,销售顾问要多往客户处跑跑,增加客户对销售顾问的熟悉感,由此也会提高客户从销售顾问处购买产品的概率。

(5)沟通。

人与人之间一定要真诚交流,否则很难产生信赖感。并且人与人只有深入沟通,才能将彼此的想法告知对方,同时也只有沟通才能使另一方更准确地了解你的想法与观点。所以销售顾问不仅仅要隔三差五地上门拜访客户,更关键的是一定要与客户进行深入的沟通;否则,很难从内心了解客户的想法,同时也很难让客户知道你的产品价值和为人。

(6)送礼。

俗话说:"有礼走遍天下,无礼寸步难行!"对于日常的人情交往,一方给另一方送点礼品是增加感情的坚强基础。当在重大节日或者是客户的特别纪念日时,销售顾问送上一份礼品给客户,会立刻增加客户对销售顾问的看法,同时也是销售顾问与客户建立沟通的最佳时机。对于一些腐败行为的送礼我们不提倡,并且还要抵制;但对于销售顾问来讲,可以将公司的产品体验品或者纪念品送与客户,由此拉近彼此的感情。

(7)交往。

跟进客户其实就是与客户进行人际关系交往,将客户转换成你的朋友。这里所说的人际交往,并不是指刻意的与对方套近乎,而是发自内心的与对方交往,所以对这类型的交往行为与对象,并不是适合所有行业的所有销售顾问。由于人际交往的周期比较长,可能也需要销售顾问提前为此付出一定时间或资金,所以各位销售顾问要根据自己的产品特性量力而行。

3.电话跟踪未成交顾客的流程

(1)手稿的准备。

对话的双方如果都没有事先准备,那么即使经验丰富、社会阅历多的人也难以控制话题。但是,只要事先准备,那么就可以赢得话题。所以,回访电话的事先准备是必须要做的。事先做好准备,也要有效地使用打岔的能力,有技巧地将对方的话题不知不觉地转移到营销的话题上。

手稿的作用无异于行军作战的计划书。手稿记录顾客的情况、怎样开始、怎样引入主题、交谈的主要内容以及禁忌情况,还要记录怎样规避顾客的不满和异议。交谈中的情况瞬息万变,手稿可以让你应对变化、见招拆招,一步一步让顾客跟着你的计划走,见表9-4。

电话跟踪所需的手稿　　　　　　　　　表 9-4

客户姓名		客户电话		客户年龄		客户职业	
关注车型		颜色		感兴趣的配置或服务			
兴趣爱好		购车用途		欲购时间		憎恨事物	
上次同行者及关系				上次接触聊得开心的事			
开场白							
看过其他品牌否	为何要去看		身边亲友的建议				
对我方的要求							
回访的目的							
可能会出现的拒绝理由				处理的方法			
邀约是否成功		失败原因					

(2) 开场白的设计。

第一，必须以顾客为中心，打感情牌。其次，以顾客的职业、兴趣、爱好为中心。

【话术举例】

销售顾问"(问候，自我介绍后)您上次来我们车行以后，第二天就来了一个您的同行，他也是皮革行业的。今天，他刚来我这里，就是刚才，他提走了一台车，走的时候，我们聊天才知道，他知道您，还说您是皮革行业的名人呢。"

顾客："谁呀？"

销售顾问："李伟，做皮鞋的，您认识吗？"

顾客："没有听说过。"

销售顾问："皮革行业的是不是都喜欢黑色啊，上次您来我们这里我记得您也特别留意黑色呢？"

顾客："对，是这样的……"

销售顾问："那么，安排一个时间，我向您请教一下？"或者"您要是有时间，我在公司等您，我们再讨论一下。"

最后也是最重要的是采取求教、求助和关怀的方式。

【话术举例】

有一个销售顾问是这样打回访电话的："志伯伯，您好，我是东风日产的小谢，您可能不记得我了，可是我至今还记得您，尤其是您用的男士香水。给您打电话就是想请教您，那个香水是什么牌子的？我一定要买一个。"

这就是请求帮助。一旦对方拒绝了请求，要保持良好的心态，如果顾客拒绝了一个请求，那么就不再讲请求的话，否则等于给自己设置了障碍。其实对一个问题拒绝回答后，面对更多的其他问题就容易得到答案了。拒绝不要紧，保持执着的心态，提出下一个要求，也许就能如愿以偿了。

(3) 交谈的内容及顺序。

回顾上次开心的话题，解释顾客关注的问题，通报好消息，了解顾客离店后的一些情况。

如:身边亲友有何建议?对产品有何困惑?又去看了哪些店?看了哪些品牌?请求拜访或邀约到店以及其他。

(4)顾客异议的处理。

顾客通常会有以下一些异议:

①经济方面(资金不到位、突然的变化)。

②车辆方面(产品的缺陷、产品的优势)。

③价格方面(贵)。

④亲友方面(不允许买、推荐其他车型)。

⑤时间方面(忙得很、出差)。

一个要求被拒绝了,在给足够的解释后,可以接着再提一个,只要顾客有借口,那就更换另外一个要求。顾客说太忙,那么可以上门,顾客说没有时间接待,那么可以说在其下班的时候去,若顾客说还有约会,那么可以说第二天早晨再约。

只要不断地要求,保持自信、执着,销售顾问总是可以达到目的。

(5)完美的结束。

【话术举例】

"您说的下周四下午三点,对吗?""那好,我原本计划是要帮一个顾客去上牌的,不过没关系,我的同事可以帮我去,这样,说好了,我就等您了。"

"是这样,我决定与我的朋友打赌,他说您现在不过是随便答应我,等到下周四您就忘了,不会来,我觉得您肯定会来的,所以我就打这个赌了。您来了我就赢了,我将来请您吃饭。好,再见。"

另外给未成交顾客打回访电话要全面表达三个内容:你是谁,为什么知道顾客的电话号码,为什么打电话(向顾客确定打来电话不是为了销售汽车的事情)。

【话术举例】

"您好,张先生,我是××专卖店的销售顾问×××,您上星期三下午来过我们展厅看车,这次给您打电话不是为了销售汽车的事情,不知道您现在方便吗?"

为了避免顾客产生抵触情绪,在电话中不可直接涉及推销汽车的事情,最好先说点别的,然后再委婉地转到汽车的事情上。

4. 未成交顾客跟踪常用话术

(1)请求顾客帮助。

可以以顾客所熟悉领域的事情为主题来设计话题,也可以以其他顾客或亲戚朋友的名义来请求顾客帮助。

请求顾客帮助的要点如下:

①请求的事情必须是对方轻而易举就可以办到的。

②请求的事情对对方来说必须是他的能力范围之内的。

③请求的事情最好是以提供信息为主。

【话术举例】

"是这样的,昨天有个顾客来展厅看车,他说起自己特喜欢游泳,问就想起您了,记得您上次说过,星期六或星期天经常跟朋友去游泳,一下,您经常去哪里游啊?"

案例分析:回访某顾客的背景

地区:湖州

职业:房地产老板

购车用途:出差、旅行

喜欢的车型:迈腾1.8T

对比车型:PASSAT

喜欢颜色:白色或者黑色

顾客爱好:钓鱼、旅行

对这个顾客进行电话回访时,设想如何请求顾客帮助?

【话术举例】

"我今天给您打电话是有一件事想请教您,我哥最近考虑买房,您不是从事房地产行业吗?我不知道现在买是不是好时机,房子近期会不会降价啊?"

"是这样的,昨天有个顾客来展厅看车,他说起自己特喜欢钓鱼,我第一时间就想起您了,记得上次您说一有空就经常跟朋友到处去钓鱼,我想请教一下您经常去哪里钓啊?哪里最好玩?"

(2)自由交谈。

自由交谈的重点是让顾客从讲述自己的经验和成就中得到满足和喜悦,从而对销售顾问产生好感。销售顾问的目的是要引导顾客就他自己感兴趣的话题展开谈话。

①要让自己有广泛的兴趣和爱好,各种信息都有涉足,这样才能在面对不同顾客的时候有话可聊;

②保持对新闻的关注,对热点事件、国家大事、民生大事、体育、娱乐都有所了解;

③不断对顾客感兴趣的事情表示好奇;

④对顾客的兴趣爱好要学会迎合。

(3)控制节奏。

①打电话前事先计划,简单罗列目的清单;

②沟通中看着目的清单,寻找提问的好机会;

③按照难易不同的次序来推进自己的目的。

(4)要求承诺。

①确定时间:"您说的是星期三下午两点,对吗?"

②一点压力:"我原本的计划是要帮一位顾客去上牌,不过没有关系,我的同事可以帮我去,那说好了,我就在展厅等您了。"

③预留空间:"到时我提前给您电话,我担心您工作太忙会忘记,到时联系,再见。"

注意不能在电话里报价、提钱、提及所有要求成交意愿的话语,如"如果给您××价您能不能买?"或"如果给您××价您订不订?"要采取一种委婉的表达方式,如"您这个周末过来看一下吧""是周六还是周日?上午还是下午?"或"您看下午两点可以吗?"

(5)提问的方式。

封闭式问题:提问顾客回答的答案只有"是"或"否"。

开放式问题:5W2H分析法。如图9-3所示。

图9-3 5W2H分析法

①WHY——为什么？为什么要这么做？
②WHAT——是什么？目的是什么？做什么工作？
③WHERE——何处？在哪里做？从哪里入手？
④WHEN——何时？什么时间完成？什么时机最适宜？
⑤WHO——谁？由谁来承担？谁来完成？谁负责？
⑥HOW——怎么做？如何提高效率？如何实施？
⑦HOW MUCH——多少？做到什么程度？数量如何？质量水平如何？费用产出如何？

（6）回访电话中应对顾客拒绝的方法。

顾客经常会接到类似的电话，因此他们会习惯性地拒绝，下面是一些回访电话中应对顾客拒绝的方法。

例1："对不起，我暂时不感兴趣。"

【话术举例】

"对不起，我知道我可能是打扰到您了，但是您放心，我不是向您介绍车或进行促销活动的，我只占用您一分钟，您看可以吗？我也知道您最近可能会收到很多这样的电话，可能打扰到您了。这个周末我们店里举办了一个××活动，不需要您买车，只是诚挚地邀请您来参加，这个活动会给您带来××的好处，稍后我会以短信的形式把时间和地点发送给您。真诚期望您能来参加。"

例2："我没时间。"

【话术举例】

"我完全理解，时间就是金钱，像您这样的成功人士是没有多余的时间来浪费的，不过我只需要您抽出一个小时到店里来，我相信您一定会不虚此行。因为我估计这个周末的促销活动您一定会很感兴趣，您看周六或者周日您哪天有空？"

"这也是我为什么先打电话给您的原因，我希望我可以在一个较方便的时间给您打电话，您看您什么时候方便？"

例3："我在出差。"

【话术举例】

"那祝您出差愉快，现在讲电话方便吗？我们××（品牌）××经销店正好就在机场附近，您可以将您的车子停在我们公司，我们可以为您免费看管并且我们还可以开车送您到机场，回来的时候我还可以去接您，您看您哪天回来，我可以开车去接您！"

例4："不看了，都看了很多家了，××的车我基本上都看了，我想自己再考虑考虑。"

【话术举例】

"嗯，这是对的，说明您是一个很会挑选的客户，对购车也很谨慎，对我们的品牌也很忠诚，那您对我们店了解得多吗？您知道，同一件事情不同的人做效果完全不一样，我们××（品牌）××经销店连续三年获得全国优秀十佳经销店称号，不论是市场的销量还是售后服务都是顶级的标准，我们买东西都希望在信誉好、服务好的商家购买，您同意吗？您看您周六还是周日有空，我们周末店里还会有针对您这样的优质客户的活动，我相信您到我们店再走这一趟，一定会有不一样的感觉！"

例5:"不急着用车,等等车展也行!"
【话术举例】
"××先生,您别太激动,我今天不是要卖车给您,我今天是来帮您买车的。"
"你帮我买车?"
"是啊,我帮您选称心如意的车啊,我毕竟是做汽车行业的,对汽车会更了解一些,当然我只是帮您分析,做决定的是您,那首先我得先问您几个问题……"

(7)再次邀约的要点。

有可能在电话邀约过后顾客爽约了,那么是不是就不打了呢?答案是,在客户爽约后,应再打电话给客户,邀请其来店。再次邀约的要点如下:

①让对方感觉失约不好意思,故先主动提起,如"张先生您好!我是××品牌××经销店的小郑,我昨天等了您一下午。"

②马上给对方一个理由,不让对方难堪。"不过还好,昨天下午人很多,我也没闲着。相信您一定很忙或者有重要的事。像您工作这么忙的人,有时是会抽不出时间。"

③制造一种巧合,让对方产生购车的冲动。"我们得到通知,最近几天由于市场回暖,我们销售非常好,公司决定将价格做一定上调,虽然您还未来过现场,不过我把您当成老客户,我希望在此之前您先来一次。如果看了有您满意的车,价格将会比上调后的实惠。"

④强调买不买无所谓。"买车就是要多做比较,最后买到的车才会比较称心。正巧我们附近也有很多经销商,品质、品牌都不错,既然张先生有买车愿望,那么我个人建议您多看看,多比较几家。"

5. 未成交顾客跟踪案例

(1)案例一,促销告知法。

销售顾问:"王先生,本周末公司举办促销活动,我想请您过来参加。"

客户:"我没空。"

销售顾问:"因为有特别的优惠方案及来店礼品,我想当面给您做个说明。"

客户:"什么方案?"

销售顾问:"促销活动刚好是针对您想购买的车型,我们提供来店礼品。"

客户:"什么礼品?"

销售顾问:"一份精美的神秘礼物,您来店的话我顺便可以给您详细介绍一下优惠方案。"

(2)案例二,交易条件事项确认法。

销售顾问:"王先生,您上次来看车,不知您现在考虑得怎么样?"

客户:"我还在比较其他几款车。"

销售顾问:"那天您看完车,我向销售经理汇报了您的购车要求,销售经理非常重视您这位客户,让我请您再次来展厅。"

客户:"什么事?"

销售顾问:"我们销售经理想和您进一步讨论购车的细节,很多事情销售经理才有权决定。"

客户:"不用吧。我还在考虑啊。"

销售顾问:"希望您能给我为您服务的机会,因为您的人际关系很广,我希望今后您能多帮我介绍客户,所以销售经理要把优惠条件给您,希望当面洽谈细节。"

(3)案例三,试乘试驾事项确认法。

销售顾问:"王先生,不知道您上次看完车是否有决定了?"

客户:"还在考虑其他几款车。"

销售顾问:"因为××车的主要优点在车的操控上,车是用来开的,所以必须要试乘试驾才能体验出来。这周末公司有个试乘试驾活动,我想邀请您亲自来试乘试驾。"

客户:"有必要吗?"

销售顾问:"购车是重大决定,车子要开过才能体现出销售顾问所说的是不是真实的。不知您本周六/日有空吗?"

客户:"有啊。"

(4)案例四,"增值汇"促销活动关怀访问法。

销售顾问:"王先生,我们本周有一个促销活动想请您过来参加。"

客户:"不用,我也没有时间。"

销售顾问:"因为这个活动有关购车优惠方案,想当面给您介绍情况。"

客户:"什么方案?"

销售顾问:"我们现在举办'增值汇'活动。"

客户:"什么内容?"

销售顾问:"我们这个活动的目的是让您了解怎样让您手中的旧车增值,您可以将您的爱车开到我们4S店里,我们还将有神秘大礼!"

(5)案例五,提供新的资料市场调查法。

销售顾问:"王先生,您上次来看车有谈到与悦动比较,我帮您做了一份对比表,想给您做参考,不知您是否有时间到展厅来?"

客户:"没时间,你寄给我就好了。"

销售顾问:"因为买车是您的重大决定,这份资料我是特别根据您的考虑所做的重点比较,我当面给您解释会更清楚,应该可以给您提供一些买车的依据。"

客户:"不用了,寄给我就好了。"

销售顾问:"这些资料如果在实车上对比会更加清楚,买车这么大的事情,您一定要抽空来做两车的实车比较。请问您本周末休假吗?"

客户:"休假。"

销售顾问:"那我在公司等您,亲自给您介绍差异性,那我们时间定在周六还是周日呢?"

如果客户给销售顾问提出一些问题时,销售顾问应有意识地考虑下问题是真的还是假的,他提出这个问题出于什么目的,如果是真实问题销售顾问会为他耐心解答,否则应避开这个问题。

6.分配任务

每5人为一组,选出1名组长,组长对小组任务进行分工。组员按组长要求完成相关任务。任务示例见表9-5,具体任务要求如下:

(1)小组内成员参考交车3日后回访话术,撰写其他回访电话话术。

(2)组内进行角色扮演,1人扮演销售顾问,1人扮演客户,进行回访电话演练。

部分重点回访时间节点回访内容

表 9-5

时间节点	重点回访内容
交车后三日	➤再次表达对客户的感谢 ➤了解车辆使用和上牌中是否存在需要帮助的问题 ➤进一步完善客户档案及其他信息
交车后七日	➤提示磨合期注意事项 ➤推荐参加爱车讲堂活动 ➤了解客户对销售服务过程中的满意度
交车后一个月	➤了解车辆使用过程中是否存在需要帮助的问题 ➤了解客户车辆使用习惯，为定期维护提醒做参考 ➤介绍首次维护和预约服务，培养客户定期维护意识
首保前一周	➤提醒并预约首次维护时间

以交车后三日回访话术举例说明

您好赵先生，我是某某店的销售顾问某某，请问您现在方便接听电话吗？

客户表示不方便：不好意思打扰了，您看什么时间方便我再与您联系吧？记下客户方便联系的时间，以备下次尽快回访。

客户表示方便：首先还是要感谢您购买我们的汽车。请问这几天您的爱车使用起来顺利吗？有没有哪些功能不太会用，或者有没有其他什么不清楚的地方？记录并解答客户的异议。您的新车上好牌照了吗？上好了告诉我一下，我记下来方便您到店维修时工作人员识别。如果没有上牌的话，需要我们帮助上牌吗？

好的，再次感谢您，如果还有什么问题，可以及时联系我，祝您生活愉快。

请根据各时间段内回访重点进行话术撰写：

1. 交车后七日

销售顾问：_____

_____

_____

2. 交车一个月后

销售顾问：_____

_____

_____

3. 首次维护前一周

销售顾问：_____

_____

_____

练习与思考

一、填空题

1. 客户生命周期的发生和发展可以分为四个阶段,分别为_____、_____、_____、_____。
2. 典型的汽车用户的生命周期大致可以分为以下阶段_____、_____、_____、_____。
3. 客户生命周期中,蜜月期客户关系维护方式包括_____。
4. 汽车销售活动中,常见的满意度调查方式包括_____、_____、_____、_____。
5. 汽车三包指的是汽车的_____、_____、_____。

二、判断题

1. 汽车的客户生命周期中使用早期是指购车三个月到半年左右的时间。（ ）
2. 汽车的客户生命周期中出保后的客户关系维护方式有客户消费积分及提供延长保修期服务。（ ）
3. 汽车经销公司用来辅助判别客户等级的系统是经销商管理系统,即DMS系统。（ ）
4. 汽车销售活动中,为了获得较高的客户满意度,销售顾问可以欺骗客户。（ ）
5. 客户生命周期指的就是从客户与企业建立业务关系到最后完全终止关系的全过程。（ ）

三、想一想（职业与素养）

1. 汽车营销行业竞争十分激烈,销售人员流动十分频繁,为了确保将来在职场中能够有所作为,做好职业规划显得尤为重要,请拟定出个人的五年职业规划(从毕业那一年开始算起)。

汽车销售顾问职业
生涯规划

汽车媒体编辑职业
生涯规划

2. 现在国家提倡"大众创业,万众创新",学校里也出台了相应的政策鼓励学生创新创业,如果你打算毕业后在汽车领域内进行创业,你的创业计划是什么？应该在大学里具备哪些必要的知识？

创业案例1:永新汽车
配件管家

创业案例2:湖汽满堂

参 考 文 献

[1] 李晓琳.汽车销售顾问[M].北京:机械工业出版社,2017.
[2] 常兴华,谭小锋.汽车营销基础与实务[M].北京:外语教学与研究出版社,2015.
[3] 刘秀荣,吴凤波.汽车顾问式销售[M].北京:机械工业出版社,2020.
[4] 李燕.汽车销售实务[M].北京:机械工业出版社,2016.
[5] 刘军.汽车4S店销售顾问培训手册[M].北京:化学工业出版社,2013.
[6] 刘军.汽车营销实战全攻略[M].北京:化学工业出版社,2015.
[7] 陈永革,何瑛.汽车营销基础与实务[M].北京:机械工业出版社,2015.
[8] 王子璐.汽车4S店销售管理实战技巧[M].北京:机械工业出版社,2017.
[9] 安建伟,李彦军.汽车4S店销售顾问上岗速成[M].北京:化学工业出版社,2015.
[10] 李明月.汽车公司投诉管理机制研究[D].上海:东华大学,2016.05.
[11] 王雪.宝马4S店客户关系管理优化研究[D].海口:海南大学,2020.06.
[12] 程艳,莫舒玥主编.汽车销售实务[M].北京:北京理工大学出版社,2013.
[13] 林绪东.如何提高汽车销售顾客满意度[J].汽车工业研究,2014(3):51-53.
[14] 卢友东,汪义军.市场营销专业客户关系管理课程思政教学建设探索[J].科教论坛,2020 31(22):263-265.
[15] 高杰.精准营销[M].上海:上海财经大学出版社,2009.